W0180352

FRANCKE

Pat Holt & Grace Ketterman

„Mama, warum schreist du so?“

Hilfen für genervte Mütter

FRANCKE
Verlag der Francke-Buchhandlung GmbH

5. Auflage 2002
ISBN 3-86122-286-8

Originaltitel: When you feel like screaming

Published by Harold Shaw Publishers, Wheaton Ill., USA

Deutsch von Ulrike Zellmer-Wettach
Umschlaggestaltung: Reproservice Jung, Wetzlar
Satz: Druckerei Schröder, 35083 Wetter/Hessen
Druck: St.-Johannis-Druckerei, Lahr 34078/2002

Francke-Ratgeber

Inhaltsverzeichnis

Vorwort

Wenn Sie dieses Buch lesen, werden Sie vielleicht Gewissensbisse – oder gar Schuldgefühle – bekommen, weil Sie Ihr eigenes Verhalten an vielen Stellen wiedererkennen. Es ist keineswegs unsere Absicht, Sie mit so schmerzlichen Gefühlen zu belasten. Aber wir hoffen, daß Sie erkennen, welchen Schaden unkontrolliertes Schreien bei Ihren Kindern und bei Ihnen selbst anrichten kann.

Wir wollen Ihnen die schlimmen Auswirkungen eines solchen Verhaltens bewußt machen und Sie gleichzeitig dazu ermutigen, Ihre Kinder in Zukunft nicht mehr anzubrüllen, um damit auch die schmerzlichen Auswirkungen dieses Verhaltens zu vermeiden. Sie können lernen, wie Sie die Aufmerksamkeit Ihrer Kinder auf andere Weise erlangen und sie zwar freundlich, aber entschlossen und konsequent erziehen. Eine solche Erziehung wird die gewünschten Ergebnisse hervorbringen, jedoch ohne die seelischen Schmerzen und Wunden, die Ihnen und Ihren Kindern dauerhaften Schaden zufügen können.

Wir wollen hier keineswegs einer allzu „laschen" und „toleranten" Erziehung das Wort reden, auch keiner übertriebenen Sanftheit und Langmut, die weder ehrlich sind noch etwas bewirken. Ihre Kinder werden Ihnen am ehesten zuhören und Ihre Anweisungen befolgen, wenn Sie das, was Sie zu sagen haben, klar und deutlich in kurzen Sätzen ausdrücken, die Sie mit Ihrem Gesichtsausdruck und dem Tonfall Ihrer Stimme bestätigen. So vermitteln Sie dem Kind: „Ich sage, was ich meine, und ich meine, was ich sage."

Sicherlich haben Sie die ungute Atmosphäre nach einem Wutausbruch und die Furcht, die beim Kind durch unkontrolliertes Schreien entsteht, auch schon gespürt. Die Tatsachen sprechen leider dafür. Bewußt oder unbewußt beeinflußt ein solches Verhalten die Beziehungen innerhalb Ihrer Familie. Wir möchten Ihnen Mut und Hoffnung machen und Ihnen auch praktische Anregungen geben, wie Sie Ihr Verhalten ändern können. Wir gehen davon aus, daß eine solche Verhaltensänderung möglich ist und Sie selbst sich gerne anders verhalten würden. Deshalb haben wir dieses Buch geschrieben.

Pat Holt und Grace Ketterman, M.D.

Schreien!
Keine Mutter will es,
aber jede Mutter würde am liebsten
SCHREIEN!
Wenn sie sich nur benehmen würden ...
Wenn sie nur gehorchen würden.
SCHREIEN!
Wenn sie nur zuhören würden ...
wenn ... wenn ...

Einleitung

Liebe Mutter,

als wir vor einiger Zeit ein Seminar für Mütter vorbereiteten, baten wir 150 Neun- bis Zwölfjährige, anonym zwei Fragen zu beantworten:

* *Was magst du an deiner Mutter am liebsten?*
* *Was stört dich an deiner Mutter am meisten?*

Die Kinder beantworteten die Fragen ohne weitere Diskussion.

Die Antworten auf die erste Frage fielen sehr unterschiedlich aus, bei der zweiten Antwort war man sich so gut wie einig. Wir waren verblüfft. Fast jedes Kind benutzte den Ausdruck „ihr Schreien". Immer wieder lasen wir: „Ich hasse es, wenn sie so herumbrüllt."

Vor kurzem besuchten wir Schulklassen dieser Altersstufe. Wir sagten den Kindern, daß wir ihre Hilfe benötigten, da wir ein Buch für Mütter schreiben wollten. Wir schrieben den Satz: „Mama, bitte hör auf zu schreien!" an die Tafel. Sogleich begannen die Kinder zu kichern und zu seufzen. Zweihundert Kinder wußten haargenau, um was es hier ging. Einige ihrer Geschichten haben wir in dieses Buch aufgenommen, um uns Müttern die Augen zu öffnen, wie unsere Kinder uns sehen und welche Auswirkungen unser Schreien auf sie hat.

Mütter wissen natürlich, daß Kinder ihr Schreien nicht ausstehen können. Und doch tun wir es. Warum? In welcher Situation? Was bringt Mütter dazu, die Fassung zu verlieren?

Um diesen Fragen nachzugehen, führten wir hier bei uns in Amerika eine landesweite Umfrage durch. Die Ergebnisse und die Antworten der von uns befragten Mütter haben wir in dieses Buch aufgenommen. Die Antworten der Mütter zeigen, daß die Ursachen für ihr Schreien immer die gleichen sind, unabhängig vom Alter ihrer Kinder, ihrer ehelichen, beruflichen und wirtschaftlichen Situation.

Schreien ist eine Angewohnheit, die man sich auch wieder abgewöhnen kann. Obwohl eine Mutter Schuldgefühle dabei hat, ist es oft nicht leicht, sich von dieser Angewohnheit zu trennen, da viele Mütter sich beim Schreien gewissermaßen wohl fühlen (es garantiert ja in der Regel auch einen gewissen Erfolg) und die nachfolgenden Schuldgefühle in Kauf nehmen.

Warum fällt es uns so schwer, neue Verhaltensmuster zu entwickeln? Eine Verhaltensänderung trägt immer ein gewisses Risiko in sich. Im Falle des Schreiens bedeutet dies für Mütter, auf eine vertraute Reaktion mit ihren vorhersehbaren Ergebnissen zu verzichten zugunsten der „noch" unbekannten Vorteile einer ruhigen Kontrolle über die Situation. Dieses Risiko erzeugt Angst, und Angst macht es uns schwer, eine Veränderung überhaupt zu versuchen.

Wagt eine Mutter jedoch den Versuch, das unkontrollierte Schreien durch andere Reaktionen zu ersetzen, erlebt sie eine so positive Wirkung, daß ihr Selbstvertrauen mit der Zeit immer mehr gestärkt wird. Jede derartige Erfahrung hilft der Mutter, die Mauer der Furcht wieder ein Stück abzutragen. Ohne diese Mauer gewinnt sie die Zuversicht, die es ihr ermöglicht, sich selbst und ihre Kinder auf eine gute Art im Griff zu haben. Starke Frauen, die sich selbst beherrschen können und Selbstvertrauen besitzen, sind fähige und verständnisvolle Mütter, die ihrerseits Kinder zu Selbstvertrauen und Selbstbeherrschung erziehen. Wir glauben, daß wahre Stärke ihren Ausdruck in Güte und Selbstbeherrschung findet. Wir freuen uns auf unsere gemeinsame Reise durch dieses Buch, das die Absicht verfolgt, Sie zu der besten Mutter zu machen, die Sie sein können.

Wir wünschen Ihnen, daß Sie gerne Mutter sind,

Pat Holt und Grace Ketterman, M.D.

1. Wenn Sie die Kontrolle verlieren

Ich traf Katrin, eine attraktive und intelligente Frau Anfang 40. Sie arbeitet in leitender Position bei einer großen Aktiengesellschaft. Eilig führte sie mich in ihr Büro und schloß die Tür. Dann begann sie mir mit Tränen in den Augen ihre Geschichte zu erzählen:

„Durch mein ständiges Gebrülle habe ich mir meine Kinder entfremdet“, berichtete sie weinend. „Mein Achtzehnjähriger ist von zu Hause ausgezogen, mein Sechzehnjähriger ist so wenig wie möglich zu Hause, und wenn er einmal da ist, schreien wir uns dauernd an. Meine vierzehnjährige Tochter zieht sich von mir zurück. An sie komme ich überhaupt nicht mehr heran. Und die Kleineren – die werde ich auch noch verlieren.“ Nun konnte sie vor Weinen nicht mehr sprechen.

Diese Frau litt aufgrund schwerer Hormonstörungen unter starken Stimmungsschwankungen. Ärztliche Behandlung besserte ihr unkontrolliertes Verhalten merklich. Aber sie schreit ihre Kinder immer noch an, einfach aus jahrelanger Gewohnheit. Warum? Sind die Kinder wirklich so schlimm?

„Es ist mein Mann“, schluchzte sie. „Ich bin so frustriert. Nach zwanzig Jahren der Enttäuschung halte ich es einfach nicht mehr aus. Das lasse ich dann an meinen Kindern aus, besonders, wenn sie sein verantwortungsloses Verhalten nachahmen.“

Und wie reagieren die Kinder darauf? Sie wenden sich von ihrer Mutter ab, selbst wenn sie versucht, ihr Verhalten zu erklären und sich zu rechtfertigen. „Sie sehen meinen Mann in der Rolle des langmütigen Helden“, klagte sie.

Stellen wir uns die Tatsachen einmal ganz nüchtern vor Augen. Die

Mutter schreit. Warum schreit sie? Aus drei Gründen: Weil die Enttäuschung über ihren Mann sich jahrelang angestaut hat; weil sie befürchtet, ihre Kinder könnten so „verantwortungslos" wie ihr Mann werden, und weil sie glaubt, ihr Schreien habe körperliche Ursachen.

Wie wirkt sich ihr Schreien auf das Verhältnis zu ihren Kindern aus? Sie berichtete, daß die Kinder, die sie doch liebt, sich von ihr abgewendet hätten. Die Folgen ihres unkontrollierten Verhaltens äußern sich also darin, daß die Kinder sich mehr dem Vater zuwenden, ihn zum Vorbild nehmen, dessen Fehler nicht sehen und sein ungutes Verhalten möglicherweise verstärkt nachahmen.

Und wie wirkt sich ihr Schreien auf sie selbst aus? Sie fühlt sich schuldig, ihre Enttäuschung über sich selbst nimmt zu, und was geschieht? Sie schreit weiter.

Das Verhalten dieser Frau gleicht einem Teufelskreis. Sie schreit aus Enttäuschung, fühlt sich wegen ihres Schreiens schuldig, weiß nicht, wie sie mit dieser Schuld umgehen soll und fühlt sich daher noch schlechter. Je schlechter sie sich fühlt, um so mehr schreit sie, und so entgleitet ihr die Kontrolle über sich selbst. Sie gerät in einen Teufelskreis, der mit der Zeit sie selbst und die Beziehungen zu ihren Mitmenschen zerstört. Wird dieses Verhaltensmuster der unkontrollierten Wutausbrüche nicht durchbrochen, kann sich dies sehr schädlich auf ihre Kinder und über deren Negativ-Prägung, die sie wiederum an ihre Kinder weitergeben, auch auf die nächste Generation auswirken.

Genau das geschah in Peters geplagter Familie. Peters Mutter schrie unentwegt. Es verging kaum einmal ein Tag, an dem die Mutter ihre fünf Kinder nicht anbrüllte. Peter lebte in ständiger Angst vor ihrem geballten Zorn, der bei den geringsten Anlässen losbrach. Sie bekam sogar regelrechte Schreianfälle, für die es nach außen hin gar keine Ursache gab.

Er wurde von seiner Mutter auch körperlich mißhandelt. Als er auf ihr Geschrei einmal scharf reagierte, brüllte sie nur noch mehr. Daraufhin drohte sie ihm mit Schlägen. Da sie ihn schon früher mit einem Lederriemen gezüchtigt hatte, flüchtete er aus Angst zu ihren neuen Nachbarn. Die überredete er, ihn über Nacht bei sich aufzunehmen. Doch die Wut der Mutter hatte sich nicht gelegt. Als er am nächsten Tag heimkam, empfing sie ihn mit dem Riemen und einem Stock.

Peter hat den Schmerz solcher Bestrafungsmaßnahmen nie vergessen, die Demütigung, die Hilflosigkeit, die Angst und die Wut. Diese Gefühle bleiben als seelische Wunden zurück. Er hat versucht, seine Mutter zu verstehen, ihr zu vergeben und die Verletzungen zu überwinden. Auch seine Geschwister haben das versucht. Aber sie alle haben Probleme mit ihrem Leben. Es gab einige Scheidungen, und nun leiden die Enkelkinder unter den Auswirkungen der unkontrollierten Wutausbrüche ihrer Großmutter...

Mit Sicherheit hat Peters Mutter auf die ungerechte Behandlung in ihrer eigenen Kindheit reagiert. Ihr Schreien war eine Reaktion auf ihre Bitterkeit über eigene unerfüllte Bedürfnisse. Ihren Schmerz und ihre Enttäuschung darüber ließ sie an den hilflosen Kindern aus.

Keine Mutter kann sich vorstellen, daß sie ihr Kind einmal anschreien wird, wenn sie ihr erstes Neugeborenes zärtlich im Arm hält. Wann beginnen Mütter zu schreien? Wann wird das Leben so frustrierend, daß Mütter sich ihren Kindern gegenüber so verhalten?

Aufgrund unserer Studie und verschiedener Erfahrungen können wir sieben Anlässe ausmachen, auf die Mütter mit Schreien reagieren. Sie werden im folgenden näher beleuchtet:

Wenn der Streß zu stark wird

Mütter schreien, wenn sie stark unter Streß stehen. Ein Beispiel ist Marias Geschichte:

> „Mein erster Fehler war, daß ich am ersten Ferientag anfangen wollte, die Küche zu streichen. Dann sagte ich einer Freundin zu, in derselben Woche auf ihren Sechsjährigen aufzupassen. Mein Mann hatte schon ein Jahr lang Überstunden gemacht, daher fielen die meisten Aufgaben innerhalb der Familie in meinen Zuständigkeitsbereich. Als nächstes erhielten wir einen Anruf der einundachtzigjährigen Großmutter meines Mannes, die uns mitteilte, daß sie gerne den Sommer bei uns verbringen würde. Das schien zu der Zeit keine schlechte Idee zu sein. Zudem saß ich gerade an den letzten Vorbereitungen für die Ferienbibelschule, deren Leiterin ich war. Wenn das alles gewesen wäre, hätte ich es in den Griff bekommen – aber leider kam es noch schlimmer.
>
> Wir erhielten einen weiteren Anruf. Ein Lieblingsonkel von mir lag im Sterben. Ich versuchte, ganz allein mit dieser Situation fertigzuwerden. Am folgenden Tag stand ich im Wohnzimmer und brüllte meine Kinder an – am liebsten hätte ich sie geschlagen. Heute weiß ich gar nicht mehr, was sie angestellt hatten."

Hätte diese Mutter zu den Anfragen und Bedürfnissen ihrer Mitmenschen, die sie durch ihr Zusammentreffen stark überforderten, „nein!" sagen können, wäre sie vermutlich gar nicht zu dem Punkt gekommen, an dem sie nur noch schreien konnte. Mütter tragen in erster Linie die Verantwortung für die eigene Familie, erst an zweiter Stelle kommen die anderen. Eine Mutter muß darauf achten, ihre Zeit und Kraft entsprechend einzuteilen und Prioritäten zu setzen.

Aber machen wir uns nichts vor. Das alles ist leicht zu sagen, aber sehr schwer in die Praxis umzusetzen. Aber wenn wir uns alles mögliche aufladen, zuviel in einen Tag, eine Woche oder eine andere Zeitspanne „hineinpacken", werden wir mit Überlastungssymptomen reagieren. Eine Mutter muß lernen, zu den Bedürfnissen anderer Menschen „nein!" zu sagen, wenn die Bedürfnisse ihrer Familie durch ihr „Ja" gefährdet sind.

Wenn in einem begrenzten Zeitraum zu viele Anforderungen an sie gestellt werden

Mütter schreien, wenn sie überlastet sind. Patricia, eine vielbeschäftigte Mutter, berichtet, wann sie am ehesten „ausrastet":

> „Oftmals bin ich sehr spät dran, um einen Termin wahrzunehmen oder zur Arbeit zu gehen, weil ich schon endlose Telefongespräche geführt habe, oder mein Mann und die Kinder mit allen möglichen Anliegen zu mir kamen. Wenn ich mich dann bemühe, die Kinder noch rechtzeitig zur Schule zu schicken, sagt mir garantiert einer, daß er sein Vesper, seine Hausaufgaben oder was auch immer vergessen hat, eine andere verkündet, daß sie noch dies oder jenes für den heutigen Schultag benötigt. Dann *explodiere* ich!"

Um eine solche Explosion zu vermeiden, ist es wichtig, daß die Mutter vorausplant. Wenn man etwas früher aufsteht, am Abend vorher das Frühstück oder Schulvesper vorbereitet und Aufgaben an die Familienmitglieder delegiert, kann man die morgendliche Hektik vermindern und auch anderen Streßzeiten vorbeugen.

Rufen Sie sich auch in Erinnerung, daß Sie schon unzählige andere Streßzeiten überstanden haben. Das Bewußtsein, daß Sie es auch diesmal schaffen werden, kann Ihnen helfen, Ruhe zu bewahren und nicht gleich loszubrüllen.

Auch unwillkommene und unnötige Anrufe bringen unsere Zeitpläne oft völlig durcheinander. Mütter können lernen, die „Tyrannei des Telefons“ zu vermeiden. Manche Mütter weigern sich konsequent, sich vom Tyrannen Telefon bestimmen zu lassen und nehmen in den stressigsten Zeiten des Tages einfach keine Anrufe entgegen. Sie sagen sich: „Wenn es etwas Wichtiges war, wird der andere nochmals anrufen!“

Mütter, die sehr neugierig sind oder aus persönlichen oder geschäftlichen Gründen alle Anrufe entgegennehmen müssen, sollten sich einen Anrufbeantworter anschaffen. Das erspart ihnen viel nervlichen Streß und hilft ihnen, die Kontrolle über ihre Zeit zu gewinnen.

Andere Mütter bringen ihren Kindern so früh wie möglich bei, Anrufe entgegenzunehmen und Botschaften zu übermitteln. Bei kleineren Kindern wird dies mündlich geschehen, ältere können auch Notizen machen. Dieses Buch wäre vielleicht nie fertig geworden, hätten Pats Kinder keine Anrufe entgegengenommen und gesagt: „Meine Mutter ist jetzt leider nicht zu sprechen. Kann ich etwas ausrichten?“ Sie haben das schon sehr früh gelernt und nehmen seither immer den Hörer ab. Diese Formulierung paßt auf jeden Fall, ob die Mutter zu Hause oder unterwegs ist.

Wenn sie sich nicht wohl fühlt

Mütter schreien, wenn sie sich körperlich nicht wohl fühlen. Janet erinnert sich an eine solche Zeit:

> „Es war kurz bevor meine Periode einsetzte, und ich fühlte mich ziemlich schlecht. Meine Vierzehnjährige war eine Woche vor ihrer Abschlußprüfung wegen Krankheit zu Hause geblieben und hatte noch keinen Blick in ein Buch getan. Sie ist keine gute Schülerin und muß sich sehr anstrengen, um durchschnittliche Zensuren zu erreichen. Ich hatte mich sehr bemüht, ihr Bücher und entsprechende Materialien zu beschaffen. Sie hatte eine Menge zu tun! Am Samstag ging es ihr schon viel besser, und was tat sie? Sie zog ihren Badeanzug an und wollte sich in die Sonne legen, um braun zu werden. Sie hatte überhaupt nicht die Absicht zu lernen! Ich explodierte!“

Die meisten Frauen haben prämenstruelle Probleme, aber nur wenige wissen, daß man etwas dagegen tun kann. Doch selbst in dieser schwierigen Zeit ist es möglich, sich unter Kontrolle zu halten. Schauen Sie auf Ihren Kalender und achten Sie in den betreffenden Tagen besonders auf Ihre Ernährung. Schränken Sie Ihren Salzverbrauch ein, denn Salz speichert Flüssigkeit im Körper. So fühlen Sie sich nicht mehr so schwer und unbeweglich, was Sie noch angespannter und reizbarer machen kann. Bei manchen Frauen verstärkt ein übermäßiger Konsum von Süßigkeiten, besonders Schokolade, ebenfalls die unangenehmen Symptome.

Die Zeit von Müttern ist so ausgefüllt, daß sie leicht ihre Erschöpfungsgrenze erreichen. Zu alledem kommen die Kinder mit Erkältungen und anderen Krankheiten aus Kindergarten und Schule, denen wir Mütter natürlich ebenfalls ausgesetzt sind. So werden wir oft von Kopfschmerzen, Rückenschmerzen, Erkältung oder Grippe geplagt.

Wenn Sie sich krank fühlen oder unter PMS (prämenstruellem Syndrom) leiden, hören Sie auf die Warnsignale Ihres Körpers! Packen Sie, wenn möglich, nicht so viel in Ihren Tag hinein. Gönnen Sie sich hin und wieder eine Ruhepause. Machen Sie sich das Leben einfacher und sagen Sie auch einmal „nein!", wenn Ihr seelisches Gleichgewicht gefährdet ist. Verschieben Sie, wenn möglich, schwerwiegende Entscheidungen und fordern Sie auch Ihrerseits von niemandem eine Entscheidung, bis Sie sich wieder besser fühlen. Nehmen Sie sich mehr Zeit als sonst, mit persönlichen und familiären Situationen umzugehen.

Es gibt viele körperliche Probleme, die dafür verantwortlich sein können, daß Sie sich unbehaglich fühlen und nur wenig Geduld aufbringen. Geben Sie gut auf sich selbst acht – Sie verdienen es. Das ist eine gute Präventivmaßnahme für vielbeschäftigte Mütter. Wenn Sie krank sind, lernen Sie, Ihr Leben zu vereinfachen, delegieren Sie Aufgaben innerhalb der Familie und praktizieren Sie Selbstbeherrschung. Sonst werden Ihre Gewissensbisse Sie mehr plagen als Ihre Krankheit.

„Klingt ganz einfach", werden Sie sagen. Aber Sie wissen, daß es im wirklichen Leben so einfach nicht ist. Sie haben schwer damit zu kämpfen. Die Frage ist: Wie vereinfachen und organisieren wir unser Leben? Verlieren Sie nicht den Mut. In den nächsten Kapiteln werden wir einige praktische Lösungen aufzeigen.

Wenn sie sich hilflos fühlt

Mütter schreien, wenn sie sich hilflos fühlen. Evelyn, eine 26jährige alleinerziehende Mutter, schildert eine solche Situation:

„Ich bin eine alleinerziehende Mutter. Vor drei Wochen erlebte ich einen schlimmen Tag. Mein Chef teilte mir mit, daß ich ab dem nächsten Monat nicht mehr gebraucht würde. Der Lehrer meines Sohnes beklagte sich, daß mein Junge ständig den Unterricht störe, sich im Pausenhof aggressiv verhalte und gerade meine Unterschrift auf einer schlechten Klassenarbeit gefälscht habe. Als ich im Regen nach Hause fuhr, platzte ein Reifen, und niemand hielt an, um mir zu helfen. Als mein Sohn fragte, ob er etwas Süßes haben könnte, brüllte ich ihn so furchtbar an, wie ich es vorher noch nie getan hatte."

Der sprichwörtliche Tropfen, der das Faß zum Überlaufen bringt, sollte uns zum Nachdenken bringen. Wir müssen vermeiden, daß die Streßfaktoren sich gnadenlos häufen, d. h. wir müssen unser seelisches Gleichgewicht aufbauen. Wie machen wir das? Wenn ein Problem auftritt, befassen Sie sich sofort damit. Wenn man sich mit dem Streß beschäftigt, akzeptiert man ihn und leugnet nicht seine Existenz. Überlegen Sie, wie Sie das betreffende Problem lösen können, wer Ihnen dabei helfen kann, und legen Sie einen Zeitpunkt fest, wann Sie Ihren Plan in Angriff nehmen wollen. Dann beschäftigen Sie sich nicht mehr länger mit diesem Problem. Das beseitigt zwar nicht die Faktoren, die den Streß auslösen. Aber solches Planen hilft Ihnen, sich mit den Problemen zu befassen, sobald sie auftreten, statt sie aufzuschieben, bis sie zu einem Berg angewachsen sind. Sie werden sich auf diese Weise auch Ihrer wahren Stärke bewußt und erkennen, wie sie diese für sich nutzen können.

Wenn ihre Kinder nicht ihren Erwartungen entsprechen

Mütter schreien, wenn ihre Kinder scheinbar nicht ihren Wünschen oder Erwartungen entsprechen. Nicole, eine lebhafte 30jährige Frau, erzählte mir diese Geschichte:

„An eine Begebenheit erinnere ich mich, als sei es erst gestern gewesen. Eine wütende Nachbarin erschien mit ihrem dreijährigen Sohn vor meiner Tür. Der Junge hatte einen häßlichen roten Striemen auf dem Rücken. Die Mutter überschüttete mich mit Vorwürfen, weil mein Fünfjähriger ihren Sohn geschlagen hatte. Sie war so wütend. Ich war wie betäubt von ihrem Ausbruch und wußte nicht, was ich sagen sollte.

Als sie fort war, machte ich mich auf die Suche nach meinem Sohn. Er wußte, daß er andere Kinder nicht schlagen durfte. Und so machte ich meinem Ärger und meiner Enttäuschung Luft, ohne ihm Gelegenheit zu geben, sich zu dem Vorfall zu äußern. Ich schrie ununterbrochen und interessierte mich gar nicht für seine Version der Geschichte."

Dieser Vorfall erinnert Grace an die Jahre, in denen sie unter dem Druck der Erwartungen, Gefühle und Meinungen lebte, die andere von ihr und ihren Kindern hatten. Es war ein einschneidender Tag für sie, als sie begriff, daß ihre Kinder oberste Priorität genießen. Sie lernte, gemeinsam mit ihnen herauszufinden, wie ein Vorfall sich tatsächlich abgespielt hatte. Oft kam heraus, daß ihre Kinder nicht die einzig Schuldigen waren. Nun konnte sie mit ihren Kindern bewußter und wirkungsvoller umgehen, nachdem sie gelernt hatte, ihnen zunächst einmal zuzuhören, statt sofort auszurasten.

Wenn ihre Kinder sie an eigene seelische Verletzungen erinnern

Mütter schreien, wenn ihre Kinder sie bewußt oder unbewußt an jemanden erinnern, der ihnen selbst seelische Verletzungen zugefügt hat. Esther gibt zu:

„Ich fange an zu schreien, wenn ich bei meinem Zehnjährigen Züge des Mannes entdecke, der ihn zeugte. Er log mich an und verließ uns beide, als wir noch im Krankenhaus waren. Ich möchte keinen Charakterzug dieses Mannes in meinem Sohn sehen!"

Der Bericht dieser Mutter veranschaulicht deutlich, wie wichtig es ist, jede problematische Beziehung aufzuarbeiten. Vergebung und Heilung der Gefühle sind eine absolute Notwendigkeit. Es gibt wohl kaum eine Familie, in der es keinen schwierigen oder problematischen Menschen gibt. Hat ein Kind das Pech, diesem Menschen zu ähneln, geschieht es leicht, daß negative Gefühle gegen diese Person auf das Kind übertragen werden. Das Kind muß also nicht nur die Strafe für sein eigenes falsches Handeln tragen, es leidet auch unter den Folgen einer alten Bitterkeit gegen einen anderen Menschen. Im siebten Kapitel wollen wir uns damit beschäftigen, welch wichtige Rolle die Vergebung für unsere seelische Gesundheit spielt, besonders im Hinblick auf die Vermeidung von Schreianfällen.

Wenn sie befürchten, ihre Kinder könnten einen falschen Weg einschlagen

Mütter schreien, wenn sie befürchten, ihre Kinder entwickeln sich nicht so, wie sie sein „sollten".

Eine Mutter brüllte ihre sieben Kinder ständig an. Ihre Tochter Christine erinnert sich: „Ich fürchtete ihr Gebrülle mehr als Schläge! Selbst heute habe ich noch ihre schrille Stimme im Ohr, ihre Mißbilligung und ihren endlosen Wortschwall. Ich strengte mich furchtbar an, es ihr recht zu machen, aber ich hatte selten das Gefühl, Lob zu verdienen."

Zwischen dieser Mutter und der Mutter von Peter besteht ein gravierender Unterschied: Peters Mutter ließ offensichtlich ihre Wut über ihr eigenes Leben an ihren Kindern aus, während Christines Mutter den Wunsch hatte, daß ihre Kinder sich zu gesunden, glücklichen und verantwortungsbewußten Erwachsenen entwickelten.

Sie wünschte sich inständig, daß ihre Kinder ein gottgefälliges Leben führten, die Gebote Gottes halten sollten, da sie von Angst erfüllt war, ihre Kinder könnten nicht das ewige Leben erlangen. Schreien war das einzige Mittel, das sie kannte, um die Kinder zu diesem Ziel zu führen. Leider war ihr nicht bewußt, daß Jesus möchte, daß wir gerade seine vergebende Liebe, die er uns erweist, an unsere Kinder weitergeben sollen. Wenn wir unsere Kinder anschreien, stehen wir diesem Ziel im Wege. Uns muß bewußt sein, daß wir unsere Kinder nicht auf den von uns gewünschten Weg „schreien" können. Wahrscheinlich spürten die Kinder trotzdem die Liebe der Mutter und erkannten ihre Hilflosigkeit, ihre Ziele in angemessenes Handeln umzusetzen. Sie lieben ihre Mutter, sind als Erwachsene alle erfolgreich in ihren Berufen und außergewöhnlich mitfühlend.

Aus unserer Untersuchung wissen wir nicht nur, wann Mütter am ehesten schreien, sondern auch, wann sie in der Regel nicht schreien.

Eine extrem frustrierte Mutter meinte, sie schreie am wenigsten, wenn „alle schlafen". Eine andere verriet uns: „Ich schreie am wenigsten, wenn ich Kehlkopfentzündung habe." Man könnte direkt lachen, wenn es nicht so traurig wäre.

Die meisten der von uns befragten Mütter schreien jedoch am wenigsten, wenn:

* sie ausgeruht sind,
* nichts passiert,
* die Kinder mithelfen, ohne herumzumeckern,
* sie das, was sie sich vorgenommen haben, schaffen,
* andere Leute dabei sind.

Weil das Leben selten so ideal verläuft, schreien Mütter leider immer wieder. Auch wenn Kinder durch schreiende Mütter nicht sofort verhaltensauffällig werden müssen oder in ihrem späteren Leben nicht mehr zurechtkommen, weil sie dennoch die Liebe der Mutter spüren und sich angenommen fühlen, so muß man wissen, daß eine gute Familienatmosphäre und ein freundliches Miteinander dadurch erheblich gestört werden. Alle fühlen sich wohler, wenn es der Mutter gelingt, andere Erziehungsmaßnahmen einzuüben. Dies wird ihrem Kind auch in seinem späteren Leben zugute kommen.

Damit wollen wir uns in den folgenden Kapiteln beschäftigen.

2. Gute Gründe zu schreien?

„Ich möchte unbedingt gehört werden, weil mir meine Kinder am Herzen liegen. Ich liebe sie so sehr und will das Beste für sie. Wenn ich mein Anliegen nur durch Lautstärke vermitteln kann, dann schreie ich eben. Ich tue, was ich tun muß, um ihnen das zu vermitteln, was mir wichtig ist."

Mit dieser Aussage können sich unzählige Mütter identifizieren. Es liegt eine gewisse Ironie darin, daß Mütter das, was sie sich ersehnen, nicht erlangen, weil sie einen schwerwiegenden Fehler begehen – sie wollen ihr Ziel durch Schreien erreichen. Das Problem ist, daß Schreien scheinbar funktioniert. Durch Schreien richtet man anfangs sicherlich die Aufmerksamkeit der Kinder auf sich, später muß die Lautstärke jedoch immer mehr gesteigert werden.

Denn letztlich führt solch andauerndes Schreien dazu, daß sich sozusagen psychologische Schwielen auf dem Trommelfell bilden. Eine immer größere Lautstärke ist erforderlich, um das gewünschte Ergebnis zu erzielen. Nach einiger Zeit wird nicht einmal das lauteste Gebrüll die Mauer durchdringen, die das ständige Schreien zwischen Mutter und Kind aufgerichtet hat.

Die befragten Mütter gaben unzählige Gründe für ihr Schreien an. Neun Begründungen sind uns als besonders typisch aufgefallen. Wir wollen sie nun nacheinander in Augenschein nehmen.

1. Durch Schreien mache ich die Kinder auf mich aufmerksam

Warum schreien viele Mütter? Um von ihren Kindern überhaupt wahrgenommen zu werden. Thomas bringt seine Mutter oft zur Weißglut:

> „Wenn ich in normalem Tonfall mit meinem dreizehnjährigen Sohn spreche, hört er mir überhaupt nicht zu. Dabei spielt es keine Rolle, was ich sage. Ich wiederhole meine Bitte fünf- oder sechsmal, und dann brülle ich ihn an: ‚Ich rede mit dir – komm sofort her!'
> Seine Haltung mir gegenüber kann ich nur mit Widerwillen beschreiben. Er sieht mich als Eindringling in seine Tagträume oder sein Fernsehprogramm. In solchen Augenblicken sitzt er in der Regel nicht an den Hausaufgaben.
> Wenn er mir endlich seine Aufmerksamkeit schenkt, gibt er auf meine Anfrage natürlich zur Antwort: ‚Ich kann jetzt nicht. Ich muß noch meine Hausaufgaben machen.'
> Das bringt mich noch mehr in Rage, und ich brülle: ‚Dazu hast du schon vier Stunden Zeit gehabt!' oder ähnliches.
> Daraufhin stößt er einen lauten Seufzer aus und wirft seinen Stift hin. ‚Na gut', lenkt er widerwillig ein und schlurft zu mir her."

Thomas wird kaum freiwillig die Bitten seiner Mutter erfüllen. Er macht einen verdrossenen Eindruck, und seine Mutter erkennt seinen Widerwillen. Vielleicht ist er wirklich nur unwillig, weil er sich gerade gestört fühlt, aber wir vermuten, daß die Art und Weise ihrer „Störung" dieses Gefühl noch verstärkt.

Mit dreizehn fühlt er sich schon ein wenig als Mann, und entsprechend sollte man mit ihm umgehen. Mutters Geschrei erinnert ihn vielleicht an seine Kindheit. Er will aber nicht mehr wie ein Kind behandelt werden. Wie vermittelt man also einem Jugendlichen, daß man seine Zeit und seine Interessen achtet, bringt ihn aber dennoch dazu, eine Aufgabe zu erledigen? Hier ein paar Tips:

Die Mutter sollte den Jungen als ernstzunehmendes Gegenüber behandeln, statt ihn herumzukommandieren. Respekt für seinen Tagesplan heißt, daß sie ihm einen größeren zeitlichen Spielraum gewährt, in dem er die gewünschte Aufgabe erledigen kann. Auf diese Weise zeigt sie ihrem Sohn, daß sie das, was er tut, achtet und ernst nimmt. Dabei spielt es keine Rolle, ob sie selbst diese Tätigkeit für Zeitverschwendung hält.

Wenn der Junge entscheiden kann, wann er eine ihm zugewiesene Aufgabe erledigt, wird er viel eher dazu bereit sein.

Wenn die Aufgabe jedoch am Ende der ausgemachten Zeit nicht erledigt ist, muß das Konsequenzen nach sich ziehen. Wenn beide sich einig waren, daß die Arbeit getan wird, wählt der Junge sozusagen selbst die Konsequenzen, sie sind also nicht eine Strafe, die die Mutter verhängt. Die Konsequenzen sollten auf sein Alter abgestimmt sein und etwas betreffen, das dem Jungen wichtig ist.

2. Durch Lautstärke kann ich mein Anliegen besser vermitteln

Mütter hoffen, daß ihr Anliegen durch vermehrte Lautstärke deutlicher „rüberkommt", daß ihre Kinder die Botschaft besser verstehen. So geht es auch Sarah, einer Mutter von fünf Kindern:

> „Meine zehnjährige Tochter hört mich erst, wenn ich meine Stimme deutlich erhebe. Wenn ich dann schließlich ihre Aufmerksamkeit habe, spreche ich deutlich, bestimmt und lauter als gewöhnlich. Am Schluß frage ich jedesmal: ‚Hast du mich verstanden?' Damit will ich eine Reaktion hervorrufen. Dann kann ich später sagen: ‚Als wir darüber sprachen, hast du gesagt, daß du mich verstanden hast.'"

Verstehen wird nicht durch vermehrte Lautstärke gefördert. Vielmehr deutet ein Kind Schreien fast immer als Ausdruck des Zorns. Zorn jedoch erzeugt sowohl bei Kindern als auch bei Erwachsenen Angst. Und Angst blockiert in der Regel das Lernen und Verstehen. Das Kind bestätigt vielleicht, daß es die Mutter „verstanden" hat, aber einzig und allein aus dem Grund, damit es nicht länger angeschrien wird. So geht das, was die Mutter dem Kind begreiflich machen wollte, vielleicht völlig an ihm vorbei. Schade, oder?

Eine Schwester in einem Kinderkrankenhaus hat eine völlig andere Methode, um einem lauten, unfolgsamen Kind etwas nahezubringen. Sie zieht das Kind zu sich heran und flüstert ihm ins Ohr. Nur wenige Kinder können einem geflüsterten „Geheimnis" widerstehen, und selbst das schwierigste Kind gibt seinen Widerstand auf, hört ihr zu und befolgt ihre ruhige Bitte.

3. Durch Schreien bewirke ich etwas

Die meisten Mütter machen die Erfahrung, daß ihre Kinder sich in Bewegung setzen, wenn sie angebrüllt werden. Eine Mutter schilderte, daß sie Lautstärke einsetzt, um ihre langsamen Kinder auf Trab zu bringen:

> „Meine Töchter mußten sich beim Mittagessen beeilen, damit sie rechtzeitig ins Ballett kamen. Ich ermahnte meine Neunjährige, eine Serviette umzulegen, damit sie sich nicht bekleckere. Natürlich kippte sie sich ihren ganzen Teller auf den Pulli. Gemütlich schlenderte sie zum Spülbecken, um sich zu säubern. ‚Mach' dich gründlich sauber. Wir müssen gehen!' Immer noch bewegte sie sich im Schneckentempo. Ich drehte auf volle Lautstärke – ‚BEEIL DICH!' – und damit hatte ich Erfolg.
> Meine Elfjährige saß derweil barfuß am Tisch und stocherte geistesabwesend im Essen herum. Die Zeit drängte, und so erhob ich wieder meine Stimme: ‚AUF, WIR MÜSSEN GEHEN!' Darauf stürmte sie aus der Tür, die Socken zwischen den Zähnen, in jeder Hand einen Schuh. Nicht durch Schimpfen, sondern allein durch Lautstärke brachte ich meine Mädchen auf Trab!"

Schreien ist nicht in jedem Fall schlecht. In einem Notfall ist es sicher ein angemessenes Mittel, um Menschen in Bewegung zu setzen. Wird Schreien jedoch zur Gewohnheit, geht es uns vielleicht wie jenem Hirtenjungen, der immer wieder mal „Wolf!" brüllte, um die Aufmerksamkeit der Leute auf sich zu lenken. Als wirklich ein Wolf kam, glaubte ihm natürlich niemand, und der Wolf riß ein Schaf.

Schreien macht Kinder nervös. Wir wissen, daß mütterlicher Ärger oft die Ursache dafür ist, daß Kinder etwas verschütten oder zerbrechen. Manchmal trauen Kinder sich kaum zu bewegen, weil sie schon den nächsten Zornesausbruch fürchten. Mütter interpretieren dieses Verhalten verständlicherweise als Eigensinn oder gar Trotz. Vielleicht hilft es Ihnen, Ihr Kind besser zu verstehen, wenn sie sich vergegenwärtigen, wie Sie sich selbst als Kind fühlten, wenn Sie angeschrien wurden.

Logischerweise könnte man annehmen, daß ein Kind seiner Mutter gehorcht, um einen weiteren Wutanfall zu vermeiden. Doch die Gefühle des Kindes beeinträchtigen sein logisches Denkvermögen. Wenn Sie mit dem Schreien aufhören und doch den Gehorsam und die Achtung Ihres Kindes erlangen wollen, versetzen Sie sich einmal in seine Lage. Wie müßte sich Ihre Mutter verhalten, damit Sie Ihrer Bitte nachkommen? Dann versuchen Sie einmal, diese neuen Ideen bei Ihrem Kind in die Tat umzusetzen! Vielleicht tun sich hier gangbare Wege für Sie und Ihr Kind auf.

4. Schreien zeigt den Kindern, daß mir ihr Verhalten mißfällt

Viele Mütter versuchen nur, ihren Kindern begreiflich zu machen, wie sehr ihr Verhalten sie trifft – so wie Elisabeth:

> „Meine zweieinhalbjährige Tochter lernte gerade, selbst auf die Toilette zu gehen. Ich war im achten Monat schwanger und fühlte mich sehr müde und unbeweglich. Den körperlichen Bedürfnissen meiner Tochter gerechtzuwerden, erschöpfte mich sehr. Ich hatte sie bereits mit vielen Worten ermutigt. Schließlich sagte ich entnervt: ‚Geh jetzt auf die Toilette, Schatz. Du kannst das allein.' Sie weigerte sich. Sie stand mit verschränkten Armen vor mir und machte sich die Hosen naß. Ich wußte, das war eine Trotzreaktion. Ich wurde sehr wütend und ließ sie in ihrer eigenen Pfütze sitzen, bis ich mich einigermaßen beruhigt hatte. Und natürlich brüllte ich wie eine Verrückte!"

Eine der negativen Folgen regelmäßigen Schreiens ist, daß sich zwischen Mutter und Kind eine Mauer des Grolls aufrichtet. Dieser Groll ist mit Angst gemischt, und kleine Kinder können diese tiefen und oft intensiven Gefühle noch nicht in Worte fassen. Sie müssen sie also auf andere Weise ausdrücken: Sie werden entweder aggressiv oder überdreht und fangen selbst an zu schreien, oder sie treten in einen stummen Widerstand. Oft bringen sie ihre Reaktion auf das mütterliche Verhalten im Rollenspiel mit anderen Kindern zum Ausdruck.

In keiner Altersstufe tritt das deutlicher zutage als bei Zweijährigen. Die Mutter eines Zweijährigen, die die Angewohnheit hat, gleich loszubrüllen, ist gut beraten, das Toilettentraining eine Weile zu verschieben. Damit hat sie wohl eine Zeitlang mehr Arbeit, aber auf lange Sicht wird sich das für Mutter und Kind in jedem Fall auszahlen. Das Sauberkeitstraining wäre für Elisabeth und ihre Tochter viel weniger nervenaufreibend gewesen, hätte sie gewartet, bis das Baby geboren ist und die ersten anstrengenden Wochen hinter ihnen liegen. Schon rein körperlich hätte sie sich dann besser gefühlt. So wäre vielleicht die seelische Barriere zwischen Mutter und Kind vermieden worden, und das kleine Mädchen hätte immer noch rechtzeitig gelernt, selbst auf die Toilette zu gehen.

Kinder müssen natürlich die Gefühle der Eltern verstehen. Aber noch wichtiger ist es, daß Kinder sich nicht schuldig fühlen, weil sie die Eltern gefühlsmäßig belastet haben. Elisabeth betrachtete das scheinbar absichtliche Einnässen ihrer Tochter als persönlichen Angriff. Ihr körperliches Unwohlsein und die Tatsache, daß sie ihr Kind unbedingt vor der Geburt des Babys zur Sauberkeit erziehen wollte, strapazierten ihre Nerven aufs äußerste. Diese Kombination verschiedener Faktoren – nicht das zweijährige Kind – lösten ihren Schreianfall aus.

Immerhin war Elisabeth klug genug, sich Zeit zu nehmen, um sich wieder zu beruhigen. Diese Zeit kann außerordentlich entscheidend sein. Zwingen Sie sich dazu, in einer solch gespannten Situation über die realen Tatsachen und Ihre Gefühle nachzudenken. Auf diese Weise vermeiden Sie falsche Schuldzuweisungen, und Sie haben Ihr Leben besser im Griff.

5. Ich fühle mich besser

Wenn Mütter schreien, wird – zumindest für den Augenblick – Ärger und Frustration abgebaut:

> „Ich weiß nicht, ob es anderen auch so geht, aber mir macht es sehr viel aus, wenn jemand verantwortungslos handelt oder unzuverlässig ist. Das geht einfach gegen meine Natur. Leider beobachte ich diese Eigenschaft oft bei meinem Mann. Wenn ich sehe, daß meine Kinder sich so verhalten, versuche ich, mir zu sagen: ‚Sie sind nicht wie ich. Ich muß sie annehmen wie sie sind.' Aber das klappt nicht. Früher oder später fange ich an zu schreien. Danach fühle ich mich besser, weil ich meiner Enttäuschung Luft gemacht habe. Wenn ich meine Kinder anbrülle, weil sie verantwortungslos handeln, schreie ich in Wirklichkeit meinen Mann an: ‚Du bist schuld, daß sie sich so verhalten, und das kann ich nicht akzeptieren. Ich will nicht, daß die Kinder so werden wie du.'"

Manche Mütter fühlen sich nach einem solchen Schreianfall zunächst viel besser. Aber früher oder später fangen sie wieder an zu brüllen – das gute Gefühl hat nicht lange angehalten. Lassen Sie sich also nicht von diesem kurzzeitigen guten Gefühl täuschen! Wir hoffen, Ihnen helfen zu können, daß Sie einmal mit Ihren Erziehungsmaßnahmen erfolgreich und zufrieden sein können.

Für Kinder ist es besonders niederschmetternd, wenn ein Elternteil den anderen vor ihnen kritisiert oder schlechtmacht. Wenn das Fehlverhalten des Kindes mit dem seines „schlimmen“ Vaters verglichen wird, ruft das bei diesem Kind einen Aufruhr von Gefühlen hervor. Das Kind fühlt sich durch das Geschrei des einen Elternteils verletzt und ärgert sich. Es befürchtet, es sei nichts wert und der andere Elternteil auch nicht. Das Kind glaubt, es sei dazu verdammt, ein Erwachsener zu werden, der „so schlimm ist wie Papa“. Es fühlt sich daher hoffnungslos und hilflos. Ärger, Traurigkeit, Schuldgefühle, Furcht und Hilflosigkeit sind bekanntlich die Komponenten einer Depression. Die Mutter fühlt sich nach dem Schreianfall zwar momentan besser, aber dieser Preis ist einfach zu hoch.

Es gibt erfolgversprechende Möglichkeiten, Ihre Kinder zu verantwortungsbewußten Erwachsenen zu erziehen. Ihre Enttäuschungen über den Vater der Kinder müssen Sie allerdings aufarbeiten. Das achte Kapitel zum Thema Vergebung gibt Ihnen dazu wertvolle Hinweise.

6. Schreien ist besser als Schläge

Diese Mütter haben recht – die Kinder anzuschreien ist tatsächlich besser, als sie zu schlagen. Mit diesem Problem war Angela, eine schüchterne 40jährige Hausfrau, konfrontiert:

> „Ich war seit ihrem vierten Lebensjahr für meine Stieftochter verantwortlich. Ich war wie eine Mutter für sie da, so gut es mir möglich war. Ihr Vater betet sie förmlich an. Als sie ein Teenager war, hatten wir mit ihr eine Reise unternommen. Sie genoß die Annehmlichkeiten in vollen Zügen, doch als ihr Vater einmal etwas mit ihr unternehmen wollte, war sie nicht daran interessiert, weil sie diese Zeit lieber mit einem Freund verbringen wollte.
>
> Ich versuchte, ihren Vater zu unterstützen, indem auch ich darauf drängte, daß sie ihn begleitete. Ich stellte ihr vor Augen, daß

wir ihr alle möglichen Wünsche erfüllt hatten und daß sie nun ihrem Vater auch einmal einen Gefallen tun könnte. Ich spürte förmlich, wie sie mich ablehnte, und dann schrie sie: ‚Ich brauche nicht auf dich zu hören. Du bist schließlich nicht meine Mutter!'
Verletzt brüllte ich zurück: ‚Ich bin froh, daß ich nicht deine Mutter bin!' Am liebsten hätte ich sie geschlagen!"

Es ist auf jeden Fall besser zu schreien, als im Zorn zuzuschlagen! Kindesmißhandlung ist eine Tragödie – und zerstört die Beziehungen unzähliger Familien. Sie brauchen aber weder zu schreien noch zu schlagen. Denn es gibt andere Möglichkeiten.

In der oben beschriebenen Situation müssen Stiefmutter und Vater zusammenarbeiten. Es scheint so, als hätte Papa, der seine Tochter „anbetet", das Mädchen unbeabsichtigt verzogen. Die meisten Mütter wenden sich berechtigterweise gegen ein solches „Verhätscheln". Doch weil sie ihren Mann lieben und achten (oder zu hilflos sind, um ihm die Augen zu öffnen!), halten sie ihren Mund und tragen ihren Groll auf dem Rücken des Kindes aus.

Statt zu schreien oder zu schlagen, hätten diese Eltern sich ein paar Minuten allein zurückziehen sollen. Hätte die Mutter ruhig und nüchtern die undankbare und eigensüchtig fordernde Haltung der Tochter aufgedeckt, wären dem Vater möglicherweise die Augen geöffnet worden. Aus Sorge um die zukünftigen Beziehungen und den Charakter des Mädchens hätten sie gemeinsam überlegen sollen, wie sie der Tochter am besten helfen könnten. Ein abendlicher Hausarrest hätte ihr vielleicht eine dringend benötigte Lektion erteilt, bestimmt hätte sich die Tochter bei nächster Gelegenheit besser benommen.

7. Ich habe das von meiner Mutter gelernt

Bewußt oder unbewußt sind viele Mütter in einem Teufelskreis des Mißbrauchs gefangen, in den sie seit ihrer eigenen Kindheit verstrickt wurden. Geht es Ihnen vielleicht so wie Tina?

„Meine Mutter bekam ständig Wutanfälle, und im Rücklick erscheint es mir, daß sie meine Schwester und mich dauernd nur angeschrien hat. Jetzt haben wir beide eigene Kinder. Nie wollten wir so werden wie sie, und doch ist es jetzt so. Unsere Kinder nennen uns ‚das schreiende Duett'. Wir fühlen uns als vollkommene Versager. Ich kann es nicht fassen, daß wir wirklich auch so geworden sind."

Im ersten Kapitel haben wir Peters Mutter und ihr „Schreimuster" beschrieben. Seine Schwester berichtete, daß sie, zu ihrem Entsetzen, ebenfalls ihre Kinder anschrie. Jedesmal vergoß sie danach Tränen der Reue, und schmerzliche Erinnerungen an ihre eigene Kindheit stiegen auf. Sie arbeitete sehr hart an sich selbst, um diese Gewohnheit zu durchbrechen, und es gelang ihr tatsächlich, wirkungsvollere Methoden der Kindererziehung einzuüben.

Die meisten Eltern erziehen ihre Kinder entweder so, wie sie selbst erzogen worden sind – oder vollkommen anders. Wenn Ihre Mutter Sie dauernd angebrüllt hat, haben Sie es sicher viel schwerer, ein solches Verhaltensmuster abzulegen, als wenn Sie ohne Geschrei aufgewachsen sind.

8. Schreien suggeriert Stärke

Viele Mütter berichteten, daß sie sich stark fühlen, wenn sie schreien.

Sandra saß mir in einem Restaurant gegenüber. Beim Essen sprachen wir über unsere Kinder und daß wir oft so frustriert wären. Sie ließ den Kopf hängen und berichtete:

> „Ich habe den Eindruck, daß meine Erziehungsmaßnahmen nicht greifen. Ich bin eher zurückhaltend, es braucht lange, bis ich reagiere. Aber wenn ich genügend provoziert werde, ist mein Ärger groß, wütend lasse ich meinen Zorn an den Kindern aus. Vielleicht sollte ich das gar nicht sagen, aber mein Ärger und Geschrei vermitteln mir in solchen Zeiten ein Gefühl der Stärke."

Es ist nicht einfach, in unserer streßgeplagten Zeit Kinder vernünftig zu erziehen. Wenn Sie zu vielen Belastungen ausgesetzt sind, fürchten Sie vielleicht, all dem nicht mehr gewachsen zu sein. Sie fühlen sich dann dumm, schwach oder unzulänglich. Es ist sehr wahrscheinlich, daß Schreien Ihnen ein Gefühl der Stärke vermittelt. Dieses Gefühl erscheint viel erstrebenswerter als die negativen Gefühle. Ohne daß es Ihnen bewußt wird, kann Schreien so zur Gewohnheit werden.

Denken Sie an unsere Philosophie: Wahre Stärke ist immer sanft – und echte Sanftheit ist stark.

9. Ich bin verzweifelt

Manche Mütter schreien, weil ihre Verzweiflung überhandnimmt. Sarah, die mit achtzehn heiratete, spricht über ihre Ehe und Familie:

> „Nichts ist so gekommen, wie ich es geplant hatte. Ich hatte dieselben Hoffnungen und Träume wie alle kleinen Mädchen: daß ein Märchenprinz um mich werben, wir dann heiraten und ein glückliches Leben führen würden. Statt dessen heiratete ich einen Schwächling, unterstützte ihn während seiner Ausbildung, bekam Kinder, versorgte ihn und die Kinder und wurde dann von ihm verlassen, als ihm die ‚Verantwortung über den Kopf wuchs'. Ja, ich schreie. Ich schreie, weil meine Hoffnungen zunichte gemacht und meine Träume zerstört wurden."

Jede Mutter ist einmal verzweifelt. Aber alleinerziehende Mütter sind besonders gefährdet. Sie kämpfen heroisch um ihren Lebensunterhalt, haben oft einen langen Arbeitstag und müssen dazu noch all den Anforderungen der Kindererziehung allein gerecht werden. Wir kennen nur wenige, die die Verletzungen und den Zorn, die eine Scheidung mit sich bringen, aufgearbeitet haben. Zudem reißen Wunden immer wieder auf, da sie z. B. durch Angewohnheiten ihrer Kinder ständig an ihren früheren Mann erinnert werden.

Der persönliche Verlust von Ehe, finanzieller Unterstützung und gesellschaftlicher Stellung, dazu die ungeheure Verantwortung, die nun allein auf ihren Schultern ruht, machen alleinerziehenden Müttern ein normales Leben schier unmöglich. Hier ist es notwendig, Unterstützung zu finden, wenn sie ihre Frustration nicht an den Kindern auslassen wollen.

Wenn Sie betroffen sind, sollten Sie sich einmal umschauen. Sie werden viele Mütter finden, die unter ähnlichen Problemen leiden. Auch sie brauchen Unterstützung. Versuchen Sie, in Kontakt mit anderen alleinerziehenden Müttern zu kommen und organisieren Sie hin und wieder eine wechselseitige Kinderbetreuung, um den jeweiligen Müttern einmal Zeit für sich selbst zu verschaffen. Vielleicht können Sie sich auch gegenseitig finanziell unterstützen, Lösungsmöglichkeiten für Probleme miteinander austauschen und ab und zu einfach einmal miteinander Kaffee trinken und plaudern. So wird der tägliche Streß für alle erträglicher. Sie werden merken, daß es viel leichter ist, sicher, konsequent und angemessen mit Ihren Kindern umzugehen, wenn Sie auf solche Weise Unterstützung erfahren.

Vielleicht schreien Sie aus einem ganz anderen Grund. Was immer das sein mag – wir glauben, daß kein noch so plausibler Grund eine Rechtfertigung dafür ist, dieses Verhalten beizubehalten. Im nächsten Kapitel werden Sie lesen, wie Kinder auf das Schreien ihrer Mutter reagieren, und warum Sie eine andere Methode finden müssen, um sie zu bewegen, das zu tun, was Sie ihnen aufgetragen haben.

3. Negative Auswirkungen auf die Kinder

Wenn Mütter ihre Kinder anschreien, ist ihnen meist nicht bewußt, wie stark das Kind dadurch beeinträchtigt wird, dies ist auch nicht von ihnen beabsichtigt. Kinder fassen das Schreien jedoch ganz anders auf, als wir meinen:

> „Ich war entsetzt, als mir klar wurde, daß meine Kinder glaubten, ich würde dauernd schreien. Vielleicht liegt es daran, daß sie mein Schreien viel zu ernst nehmen. Ich wünschte, sie könnten verstehen, daß ich nicht nur schreie, weil ich ihnen etwas klarmachen will, sondern daß ich auf diese Weise meiner eigenen, oft bereits länger angestauten Frustration Luft mache."

Diese Mutter erkannte, daß sie aus zwei Gründen schreit: Sie will ihren Kindern etwas klarmachen und eine „angestaute Frustration" herauslassen. Es wäre doch schön, wenn Kinder uns Erwachsene besser verstehen könnten. Wenn Mütter sich Zeit nehmen, ihren Kindern ihre Stimmungen und ihr Schreien zu erklären, ist das sicher hilfreich. Doch Kinder, die verletzt sind oder Angst haben, können nicht „über ihren Schatten springen" und die ganze Situation vollkommen verstehen. Es ist unrealistisch, von ihnen zu verlangen, Gefühle von Erwachsenen zu verstehen, die diese selbst kaum in den Griff bekommen.

Wir raten Müttern, die sehr oft schreien, dringend ihren Kindern ihre Gefühle zu erklären. Wenn Sie gerade in einer ruhigen Phase sind, nehmen Sie sich Zeit, um mit Ihren Kindern zu reden. Erklären Sie den Kindern, daß es Ihnen darum geht, ihnen verantwortliches Handeln, gutes

Benehmen und ordentliches Arbeiten beizubringen. Versuchen Sie, ihnen verständlich zu machen, daß Sie manchmal das Gefühl haben, auf „taube Ohren“ zu stoßen, wenn Sie in normalem Tonfall sprechen. Dann würden Sie eben schreien, um eine Reaktion der Kinder zu erzwingen. Vielleicht geben Sie auch eine andere Erklärung ab. Doch wenn Sie Ihre Handlungsweise erklären, werden Ihre Kinder Sie eher achten, und sie werden Ihr Schreien weniger persönlich nehmen.

Die seelische Verletzung der Kinder ist leider nicht die einzige Auswirkung des mütterlichen Schreiens. Ob es Ihnen gefällt oder nicht, die Kinder werden aus Ihrem Beispiel lernen und nachahmen, was sie zu Hause hören und beobachten. Eine schreiende Mutter signalisiert dem kleinen Kind, daß Schreien eine angemessene Form der Kommunikation ist. Bald wird das Kind ebenfalls anfangen zu schreien. So nimmt das Schreien eine gewisse Eigendynamik an und wird eine hochentwickelte und verhängnisvolle Gewohnheit, die tief in der Persönlichkeit des Kindes verankert ist.

Im folgenden werden wir uns einige Reaktionen von Kindern auf das Schreien ihrer Mutter einmal näher ansehen.

Traurigkeit und verletzte Gefühle

Eine Fünftklässlerin schildert mit eindrücklichen Worten, wie traurig und verletzt sie auf das mütterliche Schreien reagiert:

> *„Es bricht mir das Herz, wenn sie so mit mir herumbrüllt. Ich wünschte, sie würde nicht dauernd so schreien. Ich wünschte, sie wäre ein bißchen zärtlicher und netter.“*

Dieses Kind macht es sehr deutlich, daß das Schreien seiner Mutter ihm „das Herz bricht“. Wir können mit ziemlicher Sicherheit davon ausgehen, daß jedes Kind zunächst verletzt ist, wenn seine Mutter es anschreit. Dann entwickeln die Kinder alle möglichen Maßnahmen, um sich vor dieser Verletzung zu schützen und sich an das unvermeidliche Geschrei zu gewöhnen, über das sie keine Kontrolle haben.

Seelischer Schmerz führt zu verschiedenen Reaktionen: a) Das Kind zieht sich zurück und erleidet schweigend den Schmerz; b) Das Kind lernt, den Schmerz hinter einer Fassade von Gleichgültigkeit oder Ärger zu verstecken; c) Das Kind weicht seelisch oder auch körperlich vor der Mutter zurück. Wir werden in diesem Kapitel noch ausführlicher auf diese Reaktionen eingehen.

Das Kind ahmt das Verhalten der Mutter nach

Ein Viertklässler schildert ein persönliches Erlebnis:

> *„Einmal übte mein Bruder auf dem Klavier. Er spielte eine falsche Note, und meine Mutter schlug ihm auf die Hand. Mein Bruder sagte: ‚Mama, warum hast du mich gehauen?' Meine Mutter sagte, ‚weil du falsch gespielt hast.' Meine Mutter schrie meinen Bruder an, und mein Bruder schrie meine Mutter an. Sie schrien noch, als mein Papa nach Hause kam. Ich glaube, mein Bruder war sehr wütend. Meine Mama hätte lieber sagen sollen: ‚Alex, spiel eine andere Note' oder ‚Alex, du hast die falsche Note erwischt.'"*

Das Kind, das uns dieses Erlebnis aufgeschrieben hat, wünscht sich, daß seine Mutter mehr Geduld und Selbstbeherrschung zeigt – ein sehr angemessener Wunsch. Aber es ist schwer, Selbstbeherrschung zu üben, wenn man enttäuscht ist.

Diese Mutter schrie, weil das Klavierspielen ihres Sohnes nicht ihren Erwartungen entsprach, und der Sohn reagierte, indem auch er seine Mutter anbrüllte. Offensichtlich war er ärgerlich, weil er angeschrien wurde. Leider machte diese Mutter ihre gute Absicht (ihrem Sohn zu einer guten Leistung zu verhelfen) durch ihre Erziehungsmethode (Schreien) zunichte. Selbst wenn dieser Junge ein Pianist hätte werden wollen, hätte er dieses Ziel sicherlich nur schwer erreicht, da die wechselseitigen Schreiattacken Zorn und Widerwillen hervorrufen und ihm jegliche Freude und Erfolg beim Klavierspielen nehmen.

Der durch das mütterliche Geschrei hervorgerufene Widerwille wirkt auch noch weiter, wenn das Kind schon längst erwachsen ist, wie die folgende Geschichte zeigt. Helena, die in ihrer Kindheit von ihrer Mutter sehr oft angeschrien wurde, war schon sehr früh aus dem Elternhaus ausgezogen und pflegte kaum Kontakt mit ihrer Mutter. Obgleich sie sehr darunter litt, hatte sich das Verhaltensmuster des Schreiens auch bei ihr festgesetzt, auch sie brüllte ihre Kinder oft an. Sie entschloß sich, ihrer Mutter keinen Besuch abzustatten und sie auch nicht anzurufen. Die Brüder glaubten jedoch, ihre Mutter wäre verletzt, wenn die Tochter keinen Kontakt mit ihr aufnähme, und überredeten Helena zu einem Anruf bei der Mutter.

Als sie nun ihre Mutter anrief, begannen die beiden sogleich, sich gegenseitig durch das Telefon anzubrüllen. Die Mutter beschuldigte sie: „Man könnte fast meinen, ich hätte keine Tochter mehr!", worauf Helena zurückschrie: „Mama, wie oft hatte ich das Gefühl, keine Mutter zu haben!“

Helenas Verhalten veranschaulicht verschiedene Reaktionen auf das Schreien ihrer Mutter – Zurückschreien, Angst, die durch ständigen Ärger erzeugt wird, und frühes Verlassen des Elternhauses, da sie sich von ihrer Mutter nicht geliebt und angenommen fühlte.

Schreien kann also auch auf lange Sicht schmerzliche und negative Folgen haben.

Furcht und Rückzug

Manche Kinder sind empfindsam und leicht einzuschüchtern. Ein solches Kind schildert folgende Situation:

> *„Eines Abends wollte ich meiner Mutter einen Gefallen tun und Wäsche waschen. Da ich mich noch nicht richtig auskannte, wusch ich auch ihren besten Rock mit, der jedoch nur hätte gereinigt werden dürfen. Er war anschließend total verzogen. Wenn meine Mutter etwas geduldiger wäre, hätte sie nicht so geschrien. Ich hatte es doch nur gut gemeint. Am liebsten wäre ich bei ihrem Toben weggelaufen. Ich versteckte mich hinter dem Küchenschrank, aber als ich Hunger hatte, kam ich wieder hervor.“*

Obgleich das Entsetzen der Mutter sicherlich verständlich ist, wäre ein ruhiges Erklären für die Tochter sehr viel hilfreicher gewesen, da sie keine bösen Absichten hegte und der Schaden nur durch Unwissenheit entstand. Sie hätte dann sogar noch etwas über Wäschepflege lernen können, an der Situation ändern konnte die Mutter auch durch ihr Schreien nichts.

Dieses Kind bringt deutlich zum Ausdruck, daß es am liebsten fortgelaufen wäre. Ein Freund, der in seiner Kindheit viel angeschrien wurde, berichtete uns, daß er und seine Geschwister als Teenager ihr Elternhaus verließen. Sie konnten einfach nicht länger ertragen, was sie als Mißhandlung empfanden: das ständige Schreien ihrer Mutter.

Sie schreien, und es scheint zu „funktionieren“ – aber um welchen Preis! Ihre Kinder lassen Ihr Geschrei womöglich über sich ergehen, vielleicht tun sie sogar, was von ihnen verlangt wird, wenn sie angebrüllt werden. Aber sie verdrängen ihre Verletzungen und ihren Groll vielleicht nur so lange, bis sie all dem entfliehen können. Werfen Sie einmal einen

Blick in die Zukunft. Wenn Ihr Kind sich weiterhin so verhält wie jetzt, wie sähe die Sache wohl in zehn Jahren aus? Dieser Gedanke hat uns selbst oft geholfen, unsere Kinder nicht anzuschreien.

Ärgerliches, verdrossenes Schweigen

„Das Schweigen aus Zorn ist ganz anders als das Schweigen aus Trauer und Verletztsein. Viele Kinder haben eine nahezu unschlagbare Waffe gegen eine schreiende Mutter entdeckt: Sie ignorieren sie schweigend, aber innerlich kochend vor Wut.

> *„Einmal gab sie mir ein Brot mit Mayonnaise mit in die Schule. Ich hasse Mayonnaise, und das wußte sie, und so aß ich das Brot nicht. Als ich nach Hause kam, brüllte meine Mutter mich an. Ich ging in mein Zimmer und tat den ganzen Tag so, als ob sie Luft wäre."*

Wenn ein Kind zurückschreit, entwickelt sich ein verbaler Schlagabtausch, in dem beide – auch das Kind – ihre Gefühle ausdrücken. So negativ ein solcher lautstarker Streit auch zu sehen ist, er bringt keinen Sieger und keinen Verlierer hervor.

Hüllt sich ein Kind aber in zorniges Schweigen, neigt sich die Waagschale des Machtkampfes zugunsten des Kindes. Das hat oft tragische Folgen. Dieser schweigende Ärger schürt oft noch den Zorn der Mutter und führt zur Mißhandlung. So wird manche Mutter in dem verzweifelten Versuch, diesen Kampf zu gewinnen, körperliche Gewalt anwenden, um „den Willen des Kindes zu brechen". Erreichen wird sie damit aber eher, daß sie dem Kind „das Herz bricht" und die innere Verbindung, die es zur Mutter hat, zerstört.

> *„Immer wenn ich gerade meine Lieblingssendung im Fernsehen anschauen will, hat meine Mutti irgendwelche Aufgaben für mich. Ich frage sie, ob ich das nicht später tun kann. Sie brüllt dann: ‚Komm sofort her, junger Mann, und tu, was ich dir sage!' Ich hasse es, wenn meine Mutti schreit. Ich fühle mich dann so mickrig. Wenn sie schreit, ist sie schlechter Laune, und wenn ich angeschrien werde, kriege ich schlechte Laune. ‚Mutti, bitte, hör' doch auf zu schreien!'"*

Der Bericht dieses Kindes gibt Einblick in eine beliebte Kampfzone zwischen Eltern und Kindern – das Kind soll Vergnügen durch Arbeit ersetzen. Natürlich sollen Mütter ihre Kinder zur Verantwortung erziehen. Aber Schreien ist keine angemessene Erziehungsmethode! Kinder, die angeschrien werden, fühlen sich oft „mickrig" – hilflos und wertlos. Gute Erziehung fördert das Selbstwertgefühl, Selbstvertrauen und die Selbstachtung des Kindes. Alle langzeitlichen Bemühungen, diese Gefühle bei dem Kind zu stärken, können durch nur wenige Schreianfälle zunichte gemacht werden, nach denen sich das Kind, zumindest im Augenblick, wertlos fühlt.

Demütigung und Scham

So wie manche sensiblen Kinder auf das mütterliche Schreien mit Furcht reagieren, empfinden andere Demütigung und Scham. Am schlimmsten und schmerzlichsten empfindet das Kind die Demütigung, wenn es in Gegenwart eines Freundes angeschrien wird. Die folgende Schilderung verdeutlicht, wie unbehaglich sich sowohl der Sohn als auch dessen Freund fühlten:

> *„Mein Freund wird von seiner Mutter ständig angeschrien, manchmal auch, wenn gar kein Grund da ist. Einmal allerdings schüttete er einen Eimer Wasser über ihrem Kopf aus. Als das passierte, brüllte sie bloß noch herum. Ich weiß nicht, wie es ihm ging, aber ich fühlte mich unbehaglich. Ich denke, sie sollte ein bißchen ruhiger sein, wenigstens versuchen sollte sie es. Dann denke ich, sie hätte ihn bestrafen sollen, weil das Geschrei ihn nur nervös macht und er ihr nicht mehr vertrauen will."*

Solche demütigenden Erfahrungen sind weiter verbreitet, als wir annehmen. Grace erinnert sich an ein Erlebnis aus ihrer eigenen Kindheit:

> „Nie werde ich den Tag vergessen, an dem meine Mutter mich durch ihr Schreien sehr demütigte. Ich war in der ersten Klasse und nahm an einer Weihnachtsvorführung unserer Schule teil. In unserem besten Sonntagsstaat standen wir auf der Bühne und sangen Weihnachtslieder für unsere Eltern und Freunde. Nur ein Kind trug ein neues Kleid, da gerade die Zeit der großen Wirtschaftskrise war. Dieses Kind stand beim Singen neben mir.

Ich war fasziniert von den flauschigen Bommeln, die den Ausschnitt ihres wunderschönen goldgelben Pullovers zierten. Schließlich konnte ich der Versuchung nicht länger widerstehen. Während ich weitersang, beugte ich mich zu ihr und strich mit den Fingern über die kleinen weichen Bommeln.
Am nächsten Morgen hielt meine Mutter mir am Frühstückstisch einen lautstarken Vortrag über mein Benehmen. Sie hätte sich für mich geschämt, und alle Zuschauer hätten über mich gelacht. In diesem Ton ging es immer weiter. Endlich bot sich die Gelegenheit, mich davonzuschleichen, und ich versteckte mich hinter dem Herd. Ich bezweifle, ob ein eben verurteilter Verbrecher sich schlimmer fühlen kann als ich an jenem Tag. Das Vertrauen zu meiner Mutter hatte sehr gelitten.
Glücklicherweise fand diese Begebenheit ein gutes Ende. Mein Vater stand vom Tisch auf und suchte mich, bis er mich fand. Er hob mich mit seinen starken Armen hoch, sah mich mit einem zärtlichen Blick aus seinen braunen Augen an und sagte: ‚Gracie, ich finde, das war gar nicht so schlimm, ich fand es sogar sehr nett!‘ Dies war das erste und einzige Mal, daß er meiner Mutter widersprach, als sie mich anschrie, aber es reichte, um in mir wieder Hoffnung und sogar Selbstachtung aufleben zu lassen.“

Wir möchten an alle Mütter die dringende Bitte richten: Schreien Sie Ihre Kinder nicht auf eine Art und Weise an, die ihnen die Selbstachtung raubt, die so entscheidend für ihre seelische Gesundheit ist – und die wollen Sie ja eigentlich fördern.

Kinder bilden eine gemeinsame Front gegen ihre Mutter

„Meine Kinder schienen sich gegen mich zu verschwören. Wenn ich es nur mit einem zu tun gehabt hätte, wäre ich schon damit fertig geworden. Aber wenn sich alle drei zusammentaten, hatte ich keine Chance.“

In diesem Fall handelte es sich um eine Mutter, die sich ehrlich bemühte, ihre Kinder zu rücksichtsvollen und wohlerzogenen Menschen zu erziehen. Ihre Erziehungsmethoden trieben die Kinder jedoch in den gemeinsamen Widerstand. Sie sprach laut und bedrohte und beschämte die Kinder voreinander. Das jeweilige Opfer suchte bei den anderen Sympathie und Unterstützung, erhielt auch stets ein Augenzwinkern oder eine bestätigende Geste und sympathisierte seinerseits in ähnlicher Weise mit den Geschwistern. Mit der Zeit solidarisierten sich die Kinder nicht nur, wenn sie bestraft wurden, sondern heckten auch gemeinsam allen möglichen Unsinn aus.

Bitte schreien Sie nicht gleich los, wenn ein Kind sich fehlverhält. Nehmen Sie das Kind allein beiseite. Versuchen Sie, dem Kind ruhig und beherrscht zu erklären, was es falsch gemacht hat, wie es die Sache in Ordnung bringen kann und wie Sie es dabei unterstützen werden. Wir werden später noch andere Maßnahmen vorstellen.

Gleichgültigkeit oder Gelächter

Wenn Kinder dauernd angeschrien werden, tun sie nach einer gewissen Zeit oft so, als ob ihnen das gar nichts ausmacht. Wie oft habe ich Kinder sagen hören: „Mama, diese Rede hast du schon so oft gehalten, daß ich sie auswendig kann!“ Es scheint, daß Kinder eine Art innere Blockade entwickeln, so daß sie das Geschrei ihrer Mutter gar nicht mehr hören. Solche scheinbare oder tatsächliche Gleichgültigkeit ist dazu angetan, verärgerte Mütter noch mehr „auf die Palme zu bringen“!

Eine Freundin berichtete uns jedoch folgende bemerkenswerte Geschichte. Ihre Mutter war wegen der Arbeitszeiten ihres Mannes viel allein. So war sie bei der Erziehung der sechs Kinder oft auf sich allein gestellt, und sie schrie viel.

Der kleine Bruder dieser Freundin war wohl ein besonderes Opfer solcher Schreianfälle. Eines Tages ließ sie ihre ganze aufgestaute Wut an ihm aus, und der Kleine hörte sich die Tirade ruhig bis zum Ende an. Er war erst sechs, aber als die Mutter sich endlich beruhigt hatte, sagte das Kind freundlich: „Mami, du tust mir so weh, wenn du schreist, aber ich habe dich trotzdem lieb!“

Wie immer Ihr Kind auf Ihr Geschrei reagiert, hören Sie bitte auf zu schreien! Die Wunden, die dieses Verhalten bei Ihrem Kind hinterläßt, sind nur schwer zu heilen und leider bleiben oft als Narben zurück.

4. Nach dem Sturm

Schreianfälle haben immer zwei Seiten. Im vorigen Kapitel haben wir untersucht, wie Kinder auf das Schreien ihrer Mutter reagieren. Jetzt geht es darum, wie sich Mütter fühlen, wenn sie ihre Kinder angeschrien haben. In unserer Untersuchung nannten die meisten Mütter eines der vier Gefühle, denen wir im folgenden nachgehen.

Schuldgefühl

Die überwiegende Mehrheit der von uns befragten Mütter geht mit sich selbst hart ins Gericht. Auf die Frage, wie sie sich nach einem Schreianfall fühlen, schrieben die Mütter immer wieder: „Schuldig".

So schmerzlich dieses Gefühl ist, dient es doch einem sehr nützlichen Zweck! Gerade weil Schuldgefühle so schmerzlich sind, sind sie auch eine starke Triebkraft zur Veränderung. Wir haben uns gefreut, daß so viele Mütter ehrlich genug waren, ihre Schuldgefühle zuzugeben.

Für solche Schuldgefühle gibt es verschiedene Ursachen, die Ihnen helfen werden, sich selbst und andere besser zu verstehen. Verstehen fördert die Bereitschaft zu vergeben und die Fähigkeit, unser Verhalten zu ändern.

Ich habe die Beherrschung verloren

> „Mein Vierjähriger verdient es nicht, so angebrüllt zu werden. Er ist verletzt und verwirrt, und ich fühle mich schuldig.
> Ich habe das Gefühl, schuldig zu sein und keine Kontrolle mehr über mich zu haben. Wenn ich schreie, schaut mich meine zwölfjährige Tochter an, als wolle sie sagen: ‚Jetzt fängt sie schon

wieder an!‘ und hält sich die Ohren zu. Sie glaubt auch, daß ich sie nicht mehr liebe, weil ich so schreie.
Ich fühle mich schuldig, daß ich meiner Enttäuschung so lautstark Luft gemacht habe, ohne etwas damit zu erreichen.
Mein Schuldgefühl signalisiert mir in der Regel, daß ich in der betreffenden Situation unangemessen reagiert habe.
Ich fühle mich schuldig, weil ich mich von den Umständen habe bestimmen lassen.
Ich habe schreckliche Schuldgefühle. An einem Samstag schrie ich meine Vierzehnjährige so laut und so lange an, daß unser ganzes Wochenende dadurch belastet war. Wir alle weinten. Ich brauchte drei Tage, um mich wieder einigermaßen wohl zu fühlen. Dann entschuldigte ich mich bei allen, bat sie um Vergebung, führte ein langes Gespräch mit meiner Tochter und betete mit ihr. Doch nur Gott kann den Schaden heilen, den ich in der Beziehung zu meiner Tochter nun einmal angerichtet habe. Sie ist zutiefst verletzt. Ich habe das Gefühl, als Mutter total versagt zu haben.“

Was könnte ich sonst tun?

„Ich fühle mich schuldig. Ich frage mich oft, weshalb ich immer wieder dieselben Fehler mache, statt aus ihnen zu lernen und besonnener mit meinen Kindern umzugehen.“

Ich fühle mich als Versager

„Ich fühle mich schuldig und als Versager. Oft sage ich etwas, was ich hinterher bereue, weil es völlig überzogen und dem Problem nicht angemessen war. Ich fürchte, ich habe meinen Kindern (zehn, sechs und vier Jahre alt) ein negatives Selbstbild vermittelt. Ich bin ihnen kein gutes Vorbild gewesen und habe in unangemessener Weise auf Probleme reagiert.
Ich fühle mich schuldig und bin von mir selbst enttäuscht. Wenn ich doch ruhiger mit den Kindern umgehen könnte.“

Es liegt eine große Gefahr darin, sich von solch einem Schuldgefühl überwältigen zu lassen. Kinder brauchen Korrektur und Erziehung. Glauben Sie also bitte nicht, daß wir einem Laisser-faire-Stil in der Kindererziehung das Wort reden! Wir wollen Ihnen nur die Augen öffnen für die Fallen, in denen Sie sich verfangen können.

Grace schwor sich schon als Kind, daß sie ihre Kinder nie anschreien würde. Aber der Tag kam, an dem sie diesen Schwur brach und ihren siebenjährigen Sohn anbrüllte. Danach schickte sie ihn auf sein Zimmer, damit er über die Sache nachdachte.

Doch nicht der Junge war es, der am meisten nachdachte. Grace erkannte in seinem von Reue gezeichneten Gesicht plötzlich ihre eigenen Gefühle, wenn sie als Kind von ihrer Mutter angeschrien worden war. Ihr wurde klar, daß ihr Sohn ja noch sehr klein war und daß sie unrealistische Erwartungen an ihn gestellt hatte. Grace bekam solche Schuldgefühle, daß sie sofort etwas tun mußte.

Sie stellte ein Glas Milch und ein Stück Scholokadenkuchen, den der Junge besonders gern aß, auf ein Tablett. Mit diesem Angebot des Mitleids und der Wiedergutmachung ging sie in sein Zimmer, wo er nachdenklich an seinem Schreibtisch saß. Als dieser scharfsichtige Junge begriff, was seine Mutter getan hatte, meinte er: „Mama, jetzt hast du alles verdorben!" In diesem Fall war das Kind klüger als die Mutter und begriff, daß es Korrektur brauchte.

Schuldgefühle und eine übermäßige Identifikation mit ihrem Sohn führten zu Graces Fehlhandlung. Schreien war natürlich falsch, aber es war ebenso falsch, das Kind mit Kuchen zu belohnen. Immer müssen wir im Leben nach dem richtigen Maß suchen, und oft geschieht etwas zu viel, zu wenig, zu früh oder zu spät. Es ist natürlich nicht leicht, diesen Mittelweg zu finden. Im letzten Kapitel wird es darum gehen, wie wir unsere Schuldgefühle in den Griff bekommen.

Scham oder Verlegenheit

Als mütterliche Reaktion auf Schreianfälle stand bei unserer Umfrage das Schuldgefühl an oberster Stelle. Als nächstes folgte jedoch das Gefühl der Scham oder Verlegenheit.

> „Da ich mit einer schreienden Mutter aufgewachsen bin, verabscheue ich Schreien, und ich verachte mich selbst, weil ich dieses schändliche Verhalten nachahme. Ich glaube nicht, daß Furchteinflößen eine angemessene Erziehungsmethode ist – aber genau das erreicht man mit Schreien.
> Ich schäme mich und bin noch mehr aus der Fassung gebracht, weil mir klar ist, daß das Problem durch mein Schreien nur noch verschärft wird.
> Ich fühle mich sehr unglücklich und schäme mich über mich

selbst. Meine sechzehn- und fünfzehnjährigen Töchter schauen schon in den Kalender, wann Mutter wieder ihre schlechten Tage hat, an denen sie ausrastet!"

Wenn Sie zu den Müttern gehören, die solche Scham und Gewissensbisse empfinden, schätzen Sie sich glücklich. Ähnlich wie das Schuldgefühl kann auch ein Gefühl der Scham Sie zur Änderung Ihres Verhaltens bewegen. Da es ein schmerzliches Gefühl ist, liegt uns sehr daran, es zu überwinden und zu vermeiden.

Wenn Ihnen Ihr Geschrei peinlich ist, beginnen Sie vielleicht, Ihre Kinder zu verstehen. Auch sie fühlen sich verlegen und beschämt, wenn sie angebrüllt werden. Wenn Sie also diese Scham überwinden, werden Sie vielleicht Ihren Kindern helfen können, ihre Verwirrung und Verlegenheit abzulegen. Gemeinsam können Sie sich dann in Selbstbeherrschung üben, der wahren Stärke echter Sanftmut, und auch an Selbstachtung gewinnen, die wir alle dringend nötig haben.

Das Gefühl der Scham vermeiden Sie, wenn Sie mit dem Schreien aufhören und dieses Verhalten durch andere Erziehungsmethoden ersetzen. Im sechsten und siebten Kapitel werden wir Ihnen dazu Hilfestellungen geben.

Befreiung – ich fühle mich besser

Einige nachdenkliche und ehrliche Mütter gaben zu, daß sie sich „besser" fühlten, nachdem sie ihre Kinder angeschrien hatten. Schreien diente ihnen, zumindest für den Augenblick, als Ventil für ihre Anspannung und Enttäuschung – später schlug das angenehme Gefühl dann in Gefühle der Schuld oder Scham um.

„Ich fühle mich meistens besser, wenn ich ‚Dampf ablasse'. Doch nach einer Weile bekomme ich Schuldgefühle, und ich erkenne, daß ich ganz anders mit der Situation hätte umgehen sollen. Am Ende muß ich mich bei meinen Kindern für mein Verhalten entschuldigen.

Wenn ich meine Kinder angebrüllt hatte, fühlte ich mich zunächst im Recht. Ich hatte ja tatsächlich einen Grund, zornig zu sein. Es war eben der berühmte Tropfen, der das Faß zum Überlaufen brachte. Dann gingen wir jedoch daran, die Sache aufzuarbeiten: Wir entschuldigten uns, redeten darüber und ließen das Ganze dann endgültig hinter uns. Ich fand es jedesmal unmöglich, wenn meine Mutter mir irgendwelche Dinge vorhielt, die sich vor zwei Stunden, zwei Tagen zwei Wochen oder zwei Jahren abgespielt hatten. Wir dagegen versuchen, die Situation zu klären, dann zu vergessen und zukunftsorientiert zu leben!"

Wenn diese Mütter ihren Gefühlen Luft gemacht haben, fühlen sie sich ruhiger. Ein Kind schrieb, daß seine Mutter nach einem solchen Schreianfall mehrere Tage lang „normal" sei. Der Junge ertrug das mütterliche Geschrei, weil er wußte, daß danach die „Ruhe nach dem Sturm" einkehrte.

Viele Mütter werden nach einer solchen momentanen Befreiung von einem Schuldgefühl überwältigt, bei anderen bleibt dieses Gefühl gänzlich aus. Es kommt vor, daß eine Mutter zwar selbst eine gefühlsmäßige Befreiung erfährt, sich jedoch nicht bewußt ist, daß ihre Kinder nun mit Gefühlen der Hilflosigkeit, Traurigkeit, Angst und mit Zorn zu kämpfen haben. Eine solche Mutter merkt höchstens, daß ihre Kinder nun willfähriger sind oder bockig, falls sie sich zurückziehen.

Wenn Sie zu diesen Müttern gehören, versuchen Sie einmal, einen distanzierten Blick auf sich selbst zu werfen. Wir wissen, daß Sie Ihre Kinder wirklich liebhaben. Wir vermuten, daß Sie schlicht und einfach nicht erkannt haben, was Ihre Ausbrüche bei ihnen bewirken. Aber Sie können sich ändern. Wollen Sie es nicht einmal versuchen?

Ein Gefühl von Macht

Im zweiten Kapitel haben wir geschildert, warum Mütter schreien. Einer der Gründe ist das Gefühl der Ohnmacht, das viele Mütter empfinden. Als eine Mutter gefragt wurde, wie sie sich nach einem Schreianfall fühle, antwortete sie, sie erlebe „ein Gefühl der Macht, die mit dem Zorn kommt". Zorn ist also der Auslöser für einen Schreianfall. Das findet auch Anne:

„Wenn ich so völlig frustriert bin, bekomme ich durch das Geschrei wieder ein Bewußtsein der Macht, ich bekomme das Gefühl, die Situation im Griff zu haben. Natürlich geht dieses Gefühl rasch vorüber, und danach empfinde ich mich wieder als hilflos."

Um dieses mütterliche Reaktionsmuster zu durchbrechen, gilt es, echte Stärke zu entwickeln. Da diese Mütter zorniges Schreien als Mittel benutzen, um ein Gefühl der Macht und Stärke aufzubauen, ist es offensichtlich, daß sie sich in Wirklichkeit hilflos fühlen und verzweifelt versuchen, ihre Schwächen auszugleichen.

Es ist eine ermutigende Erkenntnis, daß jeder Mensch mit Stärken ausgestattet ist. Wir müssen sie nur erkennen, sie fördern und gebrauchen. Aber Furcht und Unerfahrenheit legen uns lahm, und die sind in der Regel ein Erbe unserer Kindheit, als wir uns gegenüber unseren Eltern hilflos fühlten. Lernen Sie, Ihre Bedürfnissse und Gefühle zu erkennen. Nennen Sie sie beim Namen und verarbeiten Sie sie, bis Sie sie im Griff haben, bevor Sie Zuflucht nehmen zu der nur scheinbaren Macht eines Schreianfalls, um Ihre Gefühle zu verdecken.

Wenn Sie sich schwach und unsicher fühlen, warum geben Sie das nicht einfach zu? Ihr Kind wird das zweifellos ohnehin spüren und wird Sie mehr, nicht weniger, achten, wenn Sie Ihre Besorgnis zugeben. Formulieren Sie das etwa so: „Sally, wenn du deine Hausaufgaben und andere Arbeiten nicht erledigst und nur vor dem Fernseher sitzt, bin ich beunruhigt und traurig. Ich tue so viel für dich, und so wünsche ich mir, daß du mir zeigst, daß du meine Arbeit schätzt, indem du mir hilfst. Ich mache mir Sorgen um deine Zukunft, wenn du dich so wenig darum kümmerst, etwas zu lernen und verantwortlich zu handeln.“ Wenn Sie so ehrlich über Ihre Gefühle gesprochen haben, könnten Sie Ihre Sally oder Ihren Jim nach ihren Gefühlen fragen, und ob sie nicht selbst möchten, daß sich in ihrem Umgang miteinander etwas ändert. Versuchen Sie die Kinder einzubeziehen, indem Sie gemeinsam überlegen, wie Ihre Sorgen um die Probleme der Kinder verringert werden können, so daß Sie dann nicht mehr schreien müssen.

Ob Sie sich nun schuldig, beschämt, stark oder „besser“ fühlen oder mehrere dieser Empfindungen erleben, auf jeden Fall müssen Sie auf Ihre Gefühle achthaben. Wenn Sie verstehen, welches Gefühl ein Schreianfall bei Ihnen auslöst, ist das eine entscheidende Hilfe, mit dieser unseligen Gewohnheit aufzuhören.

5. Änderung unmöglich?

„Bitte helfen Sie mir. Ich will ja gar nicht schreien. Jedesmal nehme ich mir hinterher vor, daß ich mich noch mehr bemühen werde, mich zu ändern, daß es nicht mehr vorkommen wird, und doch passiert es immer wieder. Warum verhalte ich mich so, obwohl ich es eigentlich gar nicht will?“

Nach unseren Erfahrungen, und auch aufgrund unserer Untersuchung, wird Schreien von allen Kindern und den meisten Müttern verabscheut. In den vorangegangenen Kapiteln haben wir die vielfältigen, zutiefst negativen Gefühle beschrieben, die sich nach Schreianfällen einstellen. Schuldgefühle, Traurigkeit, Scham, Ärger und der Wunsch, sich zu verstecken oder wegzulaufen, um nur einige der schmerzlichen Reaktionen zu nennen. Warum also schreien Mütter immer weiter? Warum ist es so schwer, dieses Verhalten einzustellen?

Gewohnheit

Wenn ich an meine Mutter denke, erinnere ich mich daran, daß sie meinen Bruder oder mich wegen Kleinigkeiten angebrüllt hat – und immer hat sie Banalitäten zu einer großen Sache aufgebauscht. Meine Mutter hat dasselbe über meine Großmutter berichtet, und nun sagen mir meine Kinder, daß ich zu heftig reagiere und aus einer Mücke einen Elefanten mache!

Wenn bestimmte Gewohnheiten sehr tief im Lebensstil eines Menschen verwurzelt sind, werden sie nur sehr schwer durchbrochen. Wenn derartige Gewohnheiten sich über Generationen in einer Familie erhalten haben, ist es noch schwieriger, solche Verhaltensmuster zu ändern.

Aber es gibt Hoffnung. Jede Gewohnheit kann durchbrochen werden. Ganz gleich, was die Ursachen für solche Gewohnheiten sind (und damit werden wir uns als nächstes beschäftigen), Sie können sie ablegen. Natürlich müssen Sie das zunächst einmal wollen. Noch wichtiger, Sie müssen sich bewußt für eine Verhaltensänderung entscheiden. Dann brauchen Sie eine Strategie, nach der Sie nicht nur mit dem Schreien aufhören, sondern dieses Verhalten durch eine neue, wirkungsvollere Gewohnheit ersetzen. Im sechsten Kapitel werden wir Ihnen einen solchen einfachen Plan vorstellen.

Mangelnde Kenntnis von Alternativen

Weil es in jeder Familie bestimmte Verhaltensmuster gibt, erziehen die meisten Menschen ihre Kinder entweder genauso, wie sie selbst erzogen worden sind oder völlig anders. Beide Extreme können gleichermaßen falsch sein. Ein Mädchen, das von seiner Mutter dauernd angeschrien wurde, wird sich oft genug vornehmen, seine eigenen Kinder niemals anzubrüllen. Diese Mutter wird sich aber vielleicht zu passiv verhalten und schließlich von ihren Kindern nicht mehr ernstgenommen werden.

Es gibt vier Quellen, aus denen man neue und andersartige Erziehungsmethoden lernen kann. Das Fernsehen führt uns, wenn wir bewußt darauf achten, positive und negative Erziehungsstile vor Augen. Bücher und Artikel in Zeitungen und Zeitschriften liefern wertvolle Informationen und Anregungen zu Erziehungsfragen und Methoden der Pädagogik. Auch an anderen Eltern (guten oder schlechten) läßt sich beobachten, wie man bestimmte Erziehungsprobleme in Angriff nehmen könnte. Ihr eigener gesunder Menschenverstand wird Sie in vielen Situationen leiten. Seien Sie jedoch auf der Hut, daß Sie nicht das von Gott geschenkte instinktsichere Verhalten mit Ihrer eigenen impulsiven Art verwechseln.

Ein schönes Verhaltensbeispiel stammt von einer Freundin. Ihr Sohn im Teenageralter hatte sie angelogen, und er wollte das weder zugeben noch die Wahrheit berichten, die die Mutter per Zufall herausgefunden hatte. Als sie sich nicht mehr zu helfen wußte, ging sie still in sein Zimmer, wo der Junge verdrossen und trotzig auf seinem Bett saß. Dann sagte sie sachlich: „Tom, keiner von uns beiden wird das Zimmer verlassen, ehe du mir erzählt hast, wie sich die Sache wirklich abgespielt hat."

So saß sie über zwei Stunden lang ruhig neben ihm und machte nur gelegentlich einmal eine Bemerkung. Sie nörgelte und schrie nicht und übte keinen Druck aus, und schließlich brach Toms Abwehrhaltung zusammen. Voller Scham und Reue sprudelte die Wahrheit aus ihm heraus. Gemeinsam überlegten sie, wie er die Sache wieder in Ordnung bringen könne, was er dann auch tat.

Oft kommen auch die Kinder selbst auf gute Ideen als Alternative zum unkontrollierten Geschrei. Sicherlich sollte Fernsehen nicht oberste Priorität genießen, aber die folgenden Anregungen halten wir dennoch für bedenkenswert:

> *„Meine Mutter schreit mich fast jedesmal an, wenn ich den Hamsterkäfig saubermachen soll, aber ich spiele dann gerade oder sehe fern. Dann sagt sie: ‚Komm sofort hierher!' und sie brüllt mich an, und ich schreie zurück, und wir streiten uns furchtbar. Aber meistens gewinnt sie, und ich muß nachgeben und mein schönes Spiel oder eine interessante Fernsehsendung abbrechen. Ich könnte doch auch noch hinterher den Käfig saubermachen."*

Wie oft schreien Mütter, weil sie völlig erschöpft sind und zu viel Verantwortung auf ihnen lastet! Eine Viertklässlerin macht einen Vorschlag, der genau „ins Schwarze trifft":

> *„An einem Dienstag habe ich nach der Schule eine Sendung im Fernsehen angeschaut. Als meine Mutter nach Hause kam, war sie sehr gereizt. Sie kam zur Tür herein und schaltete den Fernseher aus. Dann ließ sie ihre schlechte Laune an mir aus und brüllte mich an. Ich habe mich den ganzen Tag lang sehr schlecht gefühlt. Ich denke, meine Mutter hätte sich erst ein bißchen ausruhen sollen, dann hätte sie vielleicht nicht geschrien. Man braucht nicht zu schreien, es gibt immer einen anderen Weg."*

Mangelnde Selbstbeherrschung

Interessanterweise verlieren Mütter ihre Fassung bei dem Versuch, ihren Kindern Selbstbeherrschung beizubringen. Kürzlich erhielt ich einen Brief von einer Mutter, die verzweifelt versuchte, ihren Zweijährigen zur Sauberkeit zu erziehen. Während er auf dem Töpfchen saß, setzte sie sich lange Zeit neben ihn, aber ohne Erfolg. Im Gegenteil: Kurz darauf machte er „sein Geschäft" in die Windel. Einmal begann sie den Kleinen zu ihrem eigenen Entsetzen anzubrüllen und zu schütteln. Viele Mütter verlieren schon bei geringeren Problemen die Nerven.

Selbstbeherrschung lernt das Kind schon sehr früh durch gute und konsequente Erziehung der Eltern. Die ersten drei Jahre sind hier am entscheidendsten. In dieser Zeit lernen die Kinder die Kontrolle über ihre Körperfunktionen, sie lernen sitzen, krabbeln und laufen. Dann lernen sie zu essen, und schließlich gewinnen sie die Kontrolle über Blase und Darm.

Zweijährige antworten auf die Bitten ihrer Mutter fast immer mit „nein!“ Bald jedoch lernen sie, ihren Eigenwillen den Anforderungen des Familienlebens anzupassen. Die Wutanfälle von Kleinkindern dienen vielfach dazu, die Erwachsenen auf die Probe zu stellen und ihren Willen und ihre Wünsche mit denen ihrer Eltern zu messen. Es ist außerordentlich wichtig, daß Eltern eine gesunde Autorität ausüben, wenn das Kind Selbstbeherrschung lernen soll. Bei Wutanfällen ist es übrigens das beste, das Kind liebevoll, aber fest im Arm zu halten, bis der Ausbruch vorüber ist. Erst eine liebevolle, greifbare „äußere Kontrolle“ weckt die Fähigkeit des Kleinkindes, sich selbst zu beherrschen.

Das nächste Stadium der Selbstbeherrschung ist die Entwicklung von Verantwortungsgefühl. Im Kindergartenalter müssen Kinder lernen, auch einmal anderen den Vortritt zu lassen, zu teilen und mit anderen zusammen zu spielen und zu arbeiten. Dann müssen sie größere Verantwortung für sich selbst übernehmen, sie müssen aufmerksam am Schulunterricht teilnehmen und im Haushalt mithelfen. Diese Dinge erfordern schon viel Selbstbeherrschung.

Der Jugendliche muß noch andere Arten des Sozialverhaltens einüben, und auch der verantwortliche Umgang mit dem Sexualtrieb muß erlernt werden. Auch die Zusammenarbeit mit anderen im Mannschaftssport oder in der Schule erfordert ein Maß an Selbstbeherrschung.

Wer als Erwachsener noch keine Selbstbeherrschung gelernt hat, wird in große Schwierigkeiten kommen. Mit ziemlicher Sicherheit gehören diese Menschen zu den Eltern, die auf Erziehungsprobleme mit Schreien reagieren. Wer erst als Erwachsener Selbstbeherrschung lernen muß, steht vor einer großen Herausforderung. Aber möglich ist auch das, und wir raten Ihnen dringend, daran zu arbeiten. Im sechsten Kapitel werden wir Ihnen Anregungen geben, wie Sie diese Aufgabe meistern können.

Mangelnde Motivation

Verschiedene Mütter sprachen sich für Schreien als gangbare Erziehungsmethode aus. Warum? Weil ihre Kinder ihnen dann gehorchen würden. Andere fühlten sich stark, weil sie ihre Kinder endlich im Griff hätten. Warum also sollten sie ihr Verhalten ändern?

Wir können Ihnen einen sehr guten Grund nennen – der Preis für den scheinbaren Erfolg des Schreiens ist einfach zu hoch. Alle Mütter sind daran gewöhnt, die Kosten für eine Anschaffung abzuschätzen. Das tolle Kleid im Schaufenster zum Beispiel kann ich mir nicht kaufen, wenn es zu teuer ist, auch wenn es mir noch so gut gefällt.

Genauso ist es mit dem Schreien. Es scheint Stärke und Erfolg zu versprechen, aber zu den Kosten gehören Widerwille, Ängste und geheime Rachegelüste des Kindes. Sobald Ihr Kind älter wird oder sich stärker fühlt als Sie, kommt es unweigerlich zu einer Kraftprobe, bei der zwar keiner als Sieger hervorgeht, Sie als Mutter aber das Vertrauen und den Zugang zu Ihrem Kind verlieren.

Überlegen Sie also, welches Verhalten auf lange Sicht für Ihr Kind – und auch für Sie selbst – gut und sinnvoll ist. Wenn Sie das tun, werden Sie bestimmt den Wunsch bekommen, Schreien durch andere Erziehungsmethoden zu ersetzen.

Unkenntnis über die Macht unserer Entscheidungsfreiheit

Als Psychiaterin ist es Grace aufgefallen, wie viele Menschen nicht begreifen, daß sie wählen können – nicht nur, wie sie handeln und reagieren, sondern auch, welche Gefühle sie bei sich zulassen. Ein Patient sagte ihr, die wichtigste Tatsache, die er in den fünfundvierzig Jahren seines Lebens gelernt habe, sei diese: „Ich kann wählen!" Diese Entscheidungsfreiheit wurde uns von unserem Schöpfer gegeben, aber viele Menschen erkennen das nicht, machen keinen Gebrauch von dieser Möglichkeit und haben also auch keinen Nutzen davon.

Viele Ereignisse unseres Lebens entziehen sich unserer Kontrolle, aber wir können letztendlich entscheiden, wie wir auf diese Ereignisse reagieren. Wenn ein Kind Ihre Lieblingsvase zerbricht oder ein kostbares Buch zerreißt, während Sie telefonieren, haben Sie die Wahl: Werden Sie Ihre Wut und Enttäuschung unkontrolliert an dem Kind auslassen? Oder werden Sie ihm ruhig und bestimmt erklären, daß es mit gewissen Dingen vorsichtiger umgehen muß? „Du darfst nicht neben diesem Regal Ball spielen, auf dem so schöne Sachen stehen!" Oder: „Mit Büchern muß man sorgfältiger umgehen!" Vielleicht müssen Sie sich sogar entschließen, bestimmte Dinge aus der Reichweite von Kleinkindern wegzuräumen, bis sie gelernt haben, sorgfältiger damit umzugehen.

Wenn Sie lernen wollen, bewußt und willentlich statt blindlings auf ein Ereignis zu reagieren, versuchen Sie einmal, die folgenden Schritte nachzuvollziehen:

1. Überlegen Sie genau, was Sie gerade empfinden.
2. Überlegen Sie, warum Sie so empfinden.
3. Entscheiden Sie, was Sie tun wollen, um das Problem zu lösen und Ihr unangenehmes Gefühl zu beseitigen.
4. Handeln Sie entsprechend.

Es gibt für jede Situation eine Lösungsmöglichkeit. Manchmal haben wir nur die Möglichkeit, über unsere Einstellung zu einer Situation und unsere Reaktion darauf zu entscheiden. Dann aber nutzen Sie diese Entscheidungsmöglichkeit so positiv und konstruktiv wie möglich.

Die bewußte Entscheidung, wie wir auf eine Situation reagieren, heißt nicht, daß wir so geduldig und sanftmütig werden, daß wir jedes Verhalten tolerieren. Es bedeutet nur, daß wir bestimmt, eindeutig und fair reagieren, so daß unsere gesunde Autorität den Kindern zum Segen wird.

Peter beteuerte, er fühle sich „schlecht, weil ich ungehorsam war, aber sie (die Mutter) muß doch nicht gleich losschreien. Sie kann doch sagen: ‚Bitte, schalte den Fernseher aus.'" Der Junge hat recht. Das kann die Mutter sagen, ohne zu schreien.

Zornige Menschen

Wenn Sie sich einmal die Zeit nehmen, um die Gesichter von Menschen zu beobachten, werden Sie bald erkennen, von welchem Gefühl sie beherrscht werden. Flughäfen eignen sich dazu besonders gut! Wenn Sie genau hinsehen, werden Sie die vielfältigsten Gesichtsausdrücke erkennen. Manche Menschen sehen ärgerlich aus, selbst wenn sie scheinbar entspannt dasitzen. Ihre Augen haben einen konzentrierten Blick, ihr Kiefer bleibt starr, ihre Lippen sind fest zusammengepreßt.

Viele zornige Menschen haben gelernt, ihre Verletzungen und Tränen hinter dem schützenden Panzer der Aggression zu verstecken. Sie glauben, dieser Panzer wird sie vor weiteren Verletzungen schützen. Und in gewisser Weise funktioniert das auch. Doch leider macht dieser Panzer sie auch unsensibel für ihre eigene Härte, sie merken nicht, daß sie andere verletzen, besonders ihre Kinder.

Zornige Mütter schreien oft, ohne sich dessen bewußt zu sein. Und diese Kombination von einem zornigen Gesicht und einer schrillen Stimme kann ein sensibles Kind niederschmettern.

Zornige Mütter merken oft nicht, welchen Schmerz sie ihrem Kind zufügen. Das liegt nicht daran, daß sie schlechte Mütter sind, sondern an dem seelischen Panzer, der ihnen geholfen hat, eigene schwere Zeiten zu überstehen. So ein Panzer mag die Mutter schützen, doch er macht sie unsensibel für ihre Kinder, die sie zweifelsohne sehr liebhat!

Dieses Problem anzugehen ist alles andere als einfach. Der erste Schritt ist, daß Sie sich Ihren Zorn selbst eingestehen. Betrachten Sie einmal ganz bewußt Ihr Gesicht im Spiegel. Erkennen Sie darin den verräterischen Ausdruck des Ärgers? Fragen Sie eine liebevolle und ehrliche Freundin. Erkennt sie in Ihnen eine aggressive Frau, die zu Zornesausbrüchen neigt?

Wenn das, was Sie von sich sehen und hören, einen tiefsitzenden Zorn aufdeckt, beginnen Sie, mit Ihren Gewohnheiten zu brechen. Es ist tatsächlich möglich, eine zornige, bittere Persönlichkeit in einen Menschen zu verwandeln, der von klarem Denken und Liebe beherrscht wird! Diese Verwandlung ist gewiß Mühe und Zeit wert.

6. Wie Sie die Kontrolle über sich und Ihr Leben gewinnen

> Eine Frau, die ruhig und gefaßt ist, die ihren Gesichtsausdruck, ihre Stimme, ihre Handlungen und ihre Gesten unter Kontrolle hat, wird auch ihre Kinder konsequent erziehen und von ihnen sehr geliebt werden. – *Alte Inschrift*

Ob wir es wahrhaben wollen oder nicht, Mütter geben in der Familie den Ton an. Als Mutter haben Sie vermutlich schon gemerkt, daß es viel leichter ist, Ihre Kinder konsequent zu erziehen, wenn Sie sich selbst unter Kontrolle haben. Aber wenn Sie selbst keinen so guten Tag haben, sind Ihre Kinder meistens „außer Rand und Band". Kinder sind sensibel. Sie reagieren stark auf die Stimmungen der Mutter.

Wir haben schon beschrieben, was Mütter dazu veranlaßt, die Nerven zu verlieren. Nun wollen wir uns damit beschäftigen, wie wir uns selbst und unser Leben in den Griff bekommen.

Vorausplanung und Organisation

Eine Mutter, die ihr Leben im Griff hat, plant voraus und organisiert. Halten Sie sich immer vor Augen: Sie sollen Herrin Ihres Tages sein, und nicht sein Opfer. Hier ist es zunächst einmal entscheidend, einen Plan für den Tag aufzustellen, in dem Sie auch möglicherweise auftretende Probleme berücksichtigen und wie Sie mit ihnen umgehen wollen.

Probleme treten auf, wenn Sie sich von den Ereignissen des Lebens unvorbereitet überrollen lassen. Wenn das geschieht, entgleitet Ihnen Ihr

Leben, bis Sie es neu ordnen und das Chaos des Augenblicks unter Kontrolle bekommen.

Rita, eine Mutter, der es gelang, ihr Leben in den Griff zu bekommen, erzählt ihre Geschichte:

> „Ich stand morgens einfach auf und ließ dem Tag seinen Lauf. Natürlich nahm er seinen Lauf, und das meiste lief verkehrt. Andere bestimmten mein Leben – meine Kinder, mein Mann, meine Freunde. Ich fühlte mich erschöpft, mißbraucht und voller Groll und faßte den Entschluß, mein Leben zu ändern. Ich wollte das Gefühl haben, meine Zeit und mein Leben wenigstens ein wenig unter Kontrolle zu haben.
> Um meinen Tagesablauf besser zu organisieren, machte ich Notizen auf kleinen Zetteln, die ich meistens verlegte und verlor. Nun ja! Ich hatte zumindest das Gefühl, auf der richtigen Spur zu sein. Später kaufte ich mir ein Notizbuch mit Organisationshilfen, und mit der Zeit machte es mir sogar Spaß, meine Pläne für den Tag, die Woche oder einen Monat aufzuschreiben. Es war spannend, welche dieser Pläne ich dann wirklich in die Tat umsetzte.
> Nach und nach begannen auch meine Familie und meine Freunde meine Zeit und meine Pläne ernstzunehmen. Das liegt sicher daran, daß ich genau sagen kann, was ich vorhabe, und, Wunder über Wunder, ich lerne sogar, ‚nein!' zu sagen, wenn eine Bitte zu unverschämt ist."

Für viele Leute ist eine solche Organisation ihres Lebens alles andere als einfach – es ist eine geradezu heroische Aufgabe. Kim wünschte sich sehr, einen ordentlichen Haushalt zu führen, die Wäsche rechtzeitig zu erledigen, nahrhafte Mahlzeiten zu kochen und Zeit mit ihren Kindern zu verbringen. Jahrelang wurstelte sie sich eben so durch. Wenn das Haus ordentlich und sauber war, stapelten sich die Wäscheberge, und wenn sie leckere und gesunde Mahlzeiten kochte, war der Haushalt unordentlich.

Eines Tages packte sie die Verzweiflung: Da lag ein Berg Wäsche, der Haushalt sah chaotisch aus, und ihre Kinder stritten miteinander. In diesem Augenblick entschloß sie sich, ihren Haushalt und ihre Familie in den Griff zu bekommen. Zunächst machte sie eine schriftliche Aufstellung von den Arbeiten, die erledigt werden mußten. Sie stopfte die schmutzige Wäsche in sechs große Mülltüten und brachte sie in die

Wäscherei. Während die Wäsche gewaschen und getrocknet wurde, las sie ihren Kindern vor und ließ sie anschließend ihre eigene Kleidung zusammenfalten und einräumen.

Als nächstes bereitete sie eine schmackhafte Mahlzeit vor und stellte sie in den Backofen. Dann räumte sie gemeinsam mit den Kindern das Haus auf. Bald sah das ganze Haus ordentlich aus, der Wäscheberg war verschwunden, und eine leckere Mahlzeit stand auf dem Tisch. Ihr Mann zeigte sich stolz und verblüfft. Aber der größte Erfolg war, daß sie nun wußte, daß sie den Anforderungen ihres Haushalts gewachsen war, weil sie einen Plan aufstellte, Prioritäten setzte und diese Planung dann auch in die Tat umsetzte. Und das können Sie auch tun.

Flexibilität

Eine Mutter, die ihr Leben unter Kontrolle hat, ist flexibel. Manche Mütter meinen, es sei wichtiger, ihren Plan durchzuführen, als auf die Bedürfnisse ihrer Kinder einzugehen. Diese starre Haltung kann eine Mutter in große Schwierigkeiten bringen und dadurch wieder zum unerwünschten Schreien führen. Das Leben ist voller Unterbrechungen, Notfälle, Krisen und Dringlichkeiten. Eine Mutter muß sich daran gewöhnen, sich diesem Strom des Lebens anzupassen, selbst wenn es ihr „gegen den Strich geht" und bedeutet, ihre Pläne vorübergehend über den Haufen zu werfen. Das ist, besonders am Anfang, nicht immer leicht. Aber der Erfolg wird Sie überzeugen.

Miriam brauchte Monate, um so flexibel zu werden, aber sie fand, daß sich die Mühe um ihrer Familie willen gelohnt hat:

> „Meine Tochter kam gerade in das Alter, wo das Kleinkind alles anfassen will. Sie wußte, was ‚nein!' bedeutet, und sie hörte dieses Wort oft!
> An einem Samstag hatte ich mir sehr viel vorgenommen. Es war Zeit, aus dem Haus zu gehen, aber meine Tochter wollte ihren ausgeprägten Willen durchsetzen. Sie streckte die Hand aus, um etwas anzufassen. Ich sagte: ‚Nein!', aber sie berührte den Gegenstand trotzdem. Ich gab ihr einen Klaps auf die Hand, um mein ‚nein!' zu verstärken. Auch das hielt sie nicht zurück, und sie berührte den Gegenstand immer wieder.
> Ich war ärgerlich und verunsichert. Sollte ich zu Hause bleiben und das erwünschte Verhaltensmuster einüben, oder sollte ich

meine eigenen Pläne durchführen? Ich hatte das Gefühl, daß wir einen kritischen Punkt erreicht hatten, daß meine Tochter jetzt unbedingt die Konsequenz meiner Erziehung spüren mußte. Widerstrebend gab ich meine eigenen Pläne auf, blieb zu Hause und verbrachte einen Großteil des Tages damit, ‚nein!' zu sagen. Ich bin sehr froh über diese Entscheidung. Obwohl sie auf diesem Gebiet viel schwerer zu erziehen war als meine anderen Kinder, zahlte es sich aus, daß ich an dieser Stelle so viel Zeit investierte. Sie lernte, daß ‚nein!' auch wirklich ‚nein!' bedeutete und daß sie das Eigentum von anderen zu respektieren hatte und nicht alles anfassen durfte, was ihr in die Augen stach."

Mütter müssen flexibel und bereit sein, ihre eigenen Pläne gegebenenfalls zu ändern. Aber es gibt noch eine andere Art der Flexibilität, mit deren Hilfe Sie Schreianfälle vermeiden können. Sie müssen ein Gespür dafür bekommen, wann Sie Ihre aufgestellten Regeln durchbrechen und auch einmal nachgeben dürfen. Wohl brauchen Kinder Konsequenz, aber ab und zu ist es auch angebracht, etwas Besonderes zuzulassen. Wenn Sie den Kindern erlauben, ausnahmsweise einmal nicht so lange wie sonst Geige zu üben oder etwas länger vor dem Fernsehen zu sitzen, schafft das eine innigere Verbundenheit zwischen ihnen. Ihre Kinder spüren, daß sie ernstgenommen werden.

Wenn Ihr Kind einen besonders anstrengenden Schultag hatte, dauernd von seinen Geschwistern geärgert wurde oder sehr viele Hausaufgaben zu erledigen hat, sollte man ihm vielleicht ausnahmsweise das Klavierüben oder Abspülen erlassen. Achten Sie jedoch darauf, daß dies wirklich Ausnahmen bleiben, damit das Kind Sie nicht ausnutzt, sondern solche Gesten als ein Geschenk begreift.

Humor

Eine Mutter, die ihr Leben im Griff hat, besitzt Sinn für Humor. Die Mutter, die über sich selbst, mit ihren Kindern und über unmögliche Situationen des Lebens lachen kann, statt sie allzu ernst zu nehmen, wird ihr Leben leichter in den Griff bekommen. Sharon war es eine Hilfe, daß sie ihre Situation aus der Distanz zu betrachten und auch das Komische daran sehen konnte:

„Am Abend sollte der Weihnachtsumzug der Schule stattfinden. Es war der erste offizielle Anlaß, an dem meine beiden Älteren teilnahmen. Zu dieser Zeit hatte ich ein vierjähriges und ein dreijähriges Mädchen und ein neun Monate altes Baby. Mein Mann war außer Haus, und die Kinder gerieten ständig aneinander. Dazu liefen viele Kleinigkeiten schief. Es fehlten passende Socken, die Kinder hatten sich beim Essen bekleckert, die Frisuren waren unordentlich, und ich war erschöft von der Anstrengung, sie rechtzeitig für den Umzug fertigzumachen. Als ich dann noch die Autoschlüssel suchen mußte, war ich am Ende! Ich hätte an die Decke gehen können.
Plötzlich wurde mir das Komische an der ganzen Situation bewußt! Ich wirkte in einer Komödie mit, die niemand außer mir je sehen würde! Ich setzte mich mitten im Zimmer auf den Boden und begann zu lachen. Ich lachte so sehr, daß mir die Tränen herunterliefen. Meine Kinder waren ganz verunsichert. Sie setzten sich neben mich und nahmen mich in die Arme. Wir fanden trotzdem noch die Autoschlüssel – ausgerechnet unter einem Kissen! – und kamen gerade noch rechtzeitig zum Umzug."

Innere Ausgeglichenheit

Eine Mutter, die ihr Leben unter Kontrolle hat, versucht, ihr seelisches Gleichgewicht zu erlangen und zu bewahren. Am Ende eines Tages ist eine Mutter oft frustriert und ausgepumpt, nicht nur, weil die Arbeitsbelastung so groß war, sondern weil sie keine Zeit hatte für Tätigkeiten, die die Entwicklung und das Wachstum ihrer Persönlichkeit fördern. Da Vielseitigkeit und Abwechslung Langeweile und Erschöpfung vertreiben, kann eine Veränderung uns innere Erfüllung bringen, während sie gleichzeitig Frustrationen abbaut und die Lebensfreude stärkt.

Vielleicht haben Sie das Gefühl, jeder Tag sei gewissermaßen ein Drahtseilakt. Sie sollen Ihre Aufmerksamkeit aufteilen und für Mann, Kinder, Haushalt und Beruf gleichermaßen da sein und auch noch Zeit haben für besondere Aktionen, persönliche Interessen und Freunde. Eine schier unüberwindliche Aufgabe!

Doch wenn Sie Ihr inneres Gleichgewicht finden, wird das auch die Einstellung zu Ihren Kindern verändern. So empfand es Carola:

„Ich wurde als Mutter fast verrückt. Ich bekam in fünf Jahren drei Kinder und kämpfte täglich mit Bergen schmutziger Wäsche und Geschirr, einem großen Haus und klebrigen Fingerabdrücken an den Wänden. Ich war Designerin und sehnte mich danach, einmal Zeit für mich allein in meinem Studio zu verbringen, das jetzt als Abstellraum für alles mögliche diente. Ich war so frustriert, daß ich keine Zeit mehr für meine künstlerische Tätigkeit hatte, daß ich allmählich bereute, überhaupt Kinder in die Welt gesetzt zu haben. Dann bekam ich Schuldgefühle und war unglücklich.
Eine Zeitlang glaubte ich, ich sei die einzige Mutter, die das Gefühl hatte, in einer ‚Falle zu sitzen'. Dann vertraute ich meine Gefühle einer anderen Mutter von drei Kindern an. Sie empfand genau das Gleiche. Wir nahmen uns vor, uns gegenseitig zweimal wöchentlich für einen halben Tag die Kinder abzunehmen. Das tun wir jetzt schon fast ein Jahr lang. Diese Zeit, die ich nun für meine künstlerische Arbeit einsetze, hat sich äußerst positiv auf mich selbst und meine Kinder ausgewirkt. Jetzt kann ich mich an ihnen freuen, weil ich weiß, daß ich regelmäßig wohlverdiente Zeit für mich selbst habe."

Ihnen kommen sicher noch andere Einfälle, was Sie tun können, um Ihr seelisches Gleichgewicht zu gewinnen. Lernen Sie auch einmal, „nein!" zu sagen, wenn Sie gebeten werden, eine Aufgabe zu übernehmen, auch wenn Sie es gern tun würden. Wenn Ihre Kinder unabhängiger sind, können Sie immer noch zusätzliche Aufgaben übernehmen.

Wir fragen uns manchmal, weshalb Mütter sich nicht auch einmal einen Babysitter gönnen, wenn sie zu Hause sind. Ein älteres Kind paßt vielleicht gern einmal auf Ihre Kleinen auf, während Sie etwas tun, was Ihnen Freude macht, oder auch nur einen Mittagschlaf halten! Es kostet nicht die Welt, gibt einem Jugendlichen die Möglichkeit, ein wenig Taschengeld zu verdienen, Ihren Kindern die Möglichkeit, neue Beziehungen einzugehen.

Die Einsicht, daß der Großputz und andere Arbeiten im Haus auch verschoben werden können (manche sogar mehrere Jahre!), nimmt ebenfalls eine Last von der Seele. Wenn Sie eher ordentlich sind, fällt es Ihnen vielleicht schwer, bestimmte Arbeiten unerledigt zu lassen. Wer ein wenig chaotisch veranlagt ist, hat damit zu kämpfen, den Tag zu planen und Prioritäten zu setzen. Aber es ist einen Versuch wert. Vielleicht finden Sie auf diese Weise Ihr seelisches Gleichgewicht wieder.

Positive Lebenseinstellung

Eine Mutter, die ihr Leben im Griff hat, hat eine positive Einstellung zu sich und ihrem Leben. Der bekannte Psychologe William James sagte einmal: „Die größte Entdeckung meiner Generation ist, daß man seine Umstände ändern kann, indem man die innere Einstellung zu ihnen verändert." Hier ist das gute Beispiel einer Mutter mit einer positiven Lebenseinstellung:

Urgroßmutter melkt an einem Wintermorgen wieder neu
all ihre Kühe und gibt ihnen Heu,
füttert die Schweine, sattelt das Maultier für den Ritt,
macht die Kinder für die Schule fit,
wäscht die Wäsche, wischt die Zimmer aus,
putzt die Fenster und anderes im Haus,
kocht mit getrockneten Früchten dann,
bügelt den Anzug von ihrem Mann.
Fegt die Diele, macht das Bett,
backt ein paar Brote und legt sie aufs Brett,
spaltet Holz für den Kamin,
trägt es herein und stellt es hin;
säubert die Lampen, gießt Petroleum hinein,
macht Mus aus alten Äpfeln fein,
stampft Butter, backt Kuchen, den sie verziert,
ruft dann: „Liebe Zeit, was ist dort draußen passiert?
Die Kälber laufen im Hof herum!",
geht raus und treibt sie in den Stall rein mit Schwung.

Holt die Eier und schließt den Stall für die Nacht,
im Haus wird das Abendbrot gemacht,
das Essen schmeckt ganz köstlich und fein,
danach spült sie all die Teller rein,
füttert die Katze, sprenkelt die Wäsche und bügelt sie trocken,
flickt dann noch einen Korb voller Socken.
Am Schluß setzt sie sich ans Klavier und stimmt an das Lied:
„Wenn man das Ende eines vollkommenen Tages sieht."
—Verfasser unbekannt

Diese Dame hatte sich und ihr Leben in erster Linie deshalb im Griff, weil sie eine unglaublich positive Einstellung zu ihrer Arbeit hatte.

Wenn Sie ein etwas kritischerer Geist sind, fällt es Ihnen vielleicht schwer, Ihre Einstellung zu ändern. Erwarten Sie keine plötzliche Verwandlung, aber versuchen Sie, bei jeder Kritik, die Sie anbringen, ein paar hoffnungsvolle Bemerkungen einzuflechten. Wenn Sie Probleme gemeinsam angehen, das Kind freundlich auf seine Fehler aufmerksam machen und einander vergeben, so machen Sie Ihrem Kind Mut und fördern die Liebe zwischen ihnen.

Es ist nicht einfach, vorauszuplanen, flexibel zu sein, den Humor zu bewahren, wenn man frustriert ist, ein ausgeglichenes Leben zu führen und eine positive Einstellung zum Leben zu bewahren. Aber alle sind lohnenswerte und erreichbare Ziele für eine Mutter, die sich danach sehnt, mit dem Schreien aufzuhören und sich selbst zu beherrschen. Es ist meistens möglich, jedes dieser Ziele zu erreichen, wenn Sie den Mut haben, Schreien durch Organisation, Flexibilität, Humor, Ausgeglichenheit und eine positive Einstellung zu ersetzen.

Ralph Waldo Emerson sagte einmal: „Wenn wir an einer Aufgabe dranbleiben, fällt sie uns mit der Zeit leichter; nicht, daß sich die Art dieser Arbeit geändert hätte, sondern wir haben an Kraft gewonnen."

Eine Anleitung zur Veränderung

Eine Mutter, die ihr Leben im Griff hat, weiß, wie sie ungutes Verhalten ändern kann. Mütter, die schreien, wissen natürlich, daß sie einen guten Grund dafür haben. Wir haben viele dieser Gründe im zweiten Kapitel beleuchtet, und im fünften Kapitel haben wir uns damit beschäftigt, weshalb es so schwer ist, mit dem Schreien aufzuhören. Jetzt möchten wir Ihnen einige eindeutige und erprobte Schritte aufzeigen, die Ihnen helfen werden, Ihr Verhalten zu ändern.

Motivation

Mit einer Gewohnheit zu brechen – egal, worum es sich handelt – macht so viel Mühe, daß man es wirklich wollen muß. Kaum eine Gewohnheit ist schwerer loszuwerden als Schreien. Hier einige Gründe, die Sie vielleicht dazu motivieren:

* glücklichere, anpassungsfähigere Kinder;
* der Wunsch, eine bessere Mutter zu sein;
* der Wunsch, mit sich „im reinen" zu sein, statt nach einem Schreianfall Scham oder Gewissensbisse zu empfinden;

* die Anerkennung und Bestätigung Ihres Mannes, Ihrer Eltern und Freunde, die sich über Ihre Verhaltensänderung freuen;
* die Zuversicht, daß Sie sich bessere, wirkungsvollere Erziehungsmethoden aneignen können.

Erlaubnis zur Veränderung

Dieser Gedanke mag Ihnen zunächst töricht erscheinen, aber denken Sie einmal darüber nach. Vermutlich schreien Sie, weil Ihnen das Schreien einmal „beigebracht" wurde – von Ihrer Mutter – weil sie zufällig entdeckten, daß es „funktioniert" oder auf andere Weise. Wenn Sie sich also ändern wollen, müssen Sie davon überzeugt sein, daß eine Änderung sinnvoll ist und daß Sie bessere Erziehungsmethoden einüben können.

Es ist hilfreich, den Wunsch zur Veränderung mit einem anderen Menschen durchzusprechen. Eine Mutter, die herausgefunden hat, wie sie ihre Kinder ohne Schreien erziehen kann, ist Ihre beste Verbündete.

Treffen Sie eine bewußte Entscheidung, Ihr Verhalten zu verändern.

Wie oft nehmen wir uns vor, eine Gewohnheit abzulegen! Kommen Ihnen diese Sätze bekannt vor? „Ich sollte einmal eine Diät machen!" Oder: „Ich dürfte wirklich nicht mehr so viel Geld ausgeben." Und: „Ich müßte meine Zeit besser einteilen." Die Worte „sollte, dürfte und müßte" drücken zwar den Wunsch oder die Absicht aus, sich zu ändern. Eine solche Veränderung tritt jedoch nicht automatisch ein, sondern bedarf einer bewußten Entscheidung.

Wir empfehlen Ihnen, klar und deutlich etwa folgenden Satz auszusprechen: „Ich weiß, daß mein Geschrei mehr schadet als nützt. Ich entscheide mich, mit dem Schreien aufzuhören, und ich will dieses Verhalten noch heute einstellen." Um eine Veränderung herbeizuführen, müssen wir uns bewußt dafür entscheiden und verbindlich dazu verpflichten.

Erstellen Sie einen Plan

Setzen Sie sich ein Ziel, das Sie erreichen können. Nehmen Sie sich zum Beispiel vor, an jedem Tag einmal weniger zu schreien als sonst. Verzichten Sie wenigstens in einer Situation, die bei Ihnen normalerweise einen Schreianfall auslöst, einmal auf dieses Geschrei. Lernen Sie, die ersten Warnzeichen eines seelischen Sturmes zu erkennen. Bevor dieser Sturm losbricht, drücken Sie Ihre Gefühle in Worte aus. „Ich befürchte, daß ich dieses Problem nicht in den Griff bekomme." Oder: „Ich bin sehr wütend, weil du diese kostbare Tasse zerbrochen hast!" Wenn Sie sich auf diese Weise über Ihre Gefühle klarwerden, fangen Sie an, sie zu beherrschen, statt daß die Gefühle Sie beherrschen.

Als nächstes denken Sie darüber nach, was Sie wirklich so aufgebracht hat. Oberflächlich gesehen ist es natürlich etwas, was Ihr Kind gesagt, getan oder unterlassen hat. Doch wenn Sie nur ein wenig mehr über die Situation nachdenken, wird Ihnen oft eine unangenehme Erinnerung in den Sinn kommen, oder Sie erkennen eine tiefliegende Furcht, Ihre elterliche Autorität zu verlieren. Wir sind zum Beispiel Müttern begegnet, deren Kinder sich fast genauso wie ihre Großeltern benahmen. Eine Mutter hörte in den rechthaberischen Widerworten ihrer Tochter geradezu den dominanten Tonfall ihres eigenen Vaters heraus.

Wenn Sie sich über das Wie und Warum Ihrer Gefühle im klaren sind, werden Sie in der Lage sein, eine erzieherische Entscheidung zu fällen. „Was will ich tun, damit diese ungute Situation sich ändert?" Vielleicht müssen Sie sich Zeit nehmen, bis Sie eine Antwort auf diese Frage finden. Das Warten auf Ihre Reaktion ist bereits ein wichtiger Teil der Erziehung. Die Kinder haben inzwischen Gelegenheit, über ihr Fehlverhalten nachzudenken, und es wird ihnen ein wenig „mulmig" zumute. Das wird auch bei ihnen dazu beitragen, ungute Verhaltensweisen überwinden zu wollen.

Nehmen Sie Hilfe in Anspruch

Wenn wir eine schlechte Gewohnheit ablegen wollen, brauchen wir einen Menschen, der uns darauf aufmerksam macht, wenn wir in alte Muster zurückfallen, und uns ermutigt, wenn wir in Schwierigkeiten geraten. Suchen Sie einen solchen Menschen, z. B. eine Freundin, und fragen Sie, ob sie Ihnen für einige Wochen zur Verfügung steht. Wenn Sie in der Gefahr sind, wieder loszuschreien, laufen Sie zum Telefon und rufen um Hilfe. Wenn Sie an einem oder mehreren Tagen Ihr Ziel nicht erreicht haben, lassen Sie sich ermutigen. Oft wird Ihre Freundin, die Sie gerade verzweifelt brauchen, nicht erreichbar sein. Doch allein der Anruf gibt Ihnen Zeit, Ihre Selbstbeherrschung wiederzugewinnen.

Wir wollen Sie daran erinnern, daß Gott immer für Sie da ist! Vergessen Sie nicht, ihn um die Geduld und Weisheit zu bitten, die Sie brauchen. Es ist eine Hilfe, sich bewußt zu machen, daß Gott ganz nah bei Ihnen ist. Wenn Sie um Hilfe gebeten haben, hören Sie, was er Ihnen zu sagen hat! Sie werden überrascht sein! Sie dürfen nicht erwarten, daß Sie eine Stimme hören, sondern er kann Ihnen neue hilfreiche Gedanken schenken.

Halten Sie durch

Die besten Pläne der Welt nützen nichts, wenn man sie nicht durchführt. Oft hört man Leute sagen: „Ich habe das wirklich versucht, aber es hat nicht funktioniert." Wenn man einmal näher darüber nachdenkt, entdeckt man oft, daß sie unbewußt die Erwartung hatten, ihr Plan würde funktionieren, wenn sie über ihn redeten. Das Vorhaben muß jedoch Tag für Tag in die Tat umgesetzt werden, selbst wenn man nicht sofort Erfolge sieht und es Rückschläge gibt. Schlechte Gewohnheiten entwickeln sich im Laufe der Zeit, und Veränderungen brauchen auch Zeit. Sie werden nie erfahren, wie nahe Sie am Erfolg waren, wenn Sie sich kurz vor dem Ziel geschlagen geben. In einem solchen Moment der Entmutigung kann Ihre Freundin Ihnen den größten Dienst erweisen.

Professionelle Hilfe

Wie schon erwähnt, kann die Neigung zum Schreien auch körperliche Ursachen haben. Gehen Sie daher regelmäßig zum Arzt, und achten Sie auf Ihre Gesundheit.

Manchmal ist es jedoch auch ein seelischer oder gar geistlicher „wunder Punkt", der Sie daran hindert, Probleme klar zu erkennen. Vielleicht sind Sie auch zu der Überzeugung gelangt, daß Schreien ein angemessenes Erziehungsmittel ist, da es ja zu funktionieren scheint. Möglicherweise sind Sie nicht in der Lage zu erkennen, wie Sie Ihr Kind damit ärgern oder verängstigen.

Wir empfehlen Ihnen, Ihre persönliche und familiäre Situation einmal zu überdenken und zu analysieren. Ein Gespräch mit einer Freundin, einem Seelsorger oder einer anderen Person Ihres Vertrauens, die Sie gut kennt, kann hier sicherlich weiterhelfen.

Kommen Sie nicht zurecht, sollten Sie sich nicht scheuen, einen Familientherapeuten in Anspruch zu nehmen, der Problembereiche klarer und objektiver erkennen kann. Oft genügen schon wenige Sitzungen, um die richtigen Hilfestellungen zu bekommen, damit Sie wieder eine liebevolle Beziehung zu Ihren Kindern aufbauen können.

7. Wie Sie Ihre Kinder auf rechte Weise lenken

Glückliche, lächelnde Gesichter,
flinke Finger,
helfende Hände.
Der Klang ihres Gelächters,
der Tanz ihrer Füße.
Gutes Miteinander,
ohne ermüdendes Quengeln
oder häßliches Schmollen.
Wer das sieht, nickt und lächelt …
Die Schönheit der Wohlerzogenen.

Es ist der Wunschtraum jeder Mutter, mit sanfter Stimme zu sprechen und von aufmerksamen, hilfsbereiten Kindern eine freundliche und willige Reaktion zu erhalten. Ein unerfüllbarer Traum? Keineswegs, aber um das zu erreichen, muß sich die Mutter als beherrschte, entschlossene, liebevolle, faire und konsequente Autoritätsperson verhalten, die ohne Schreien auskommt. Auch für Sie kann dieser Traum Wirklichkeit werden.

„Weich wie Samt und hart wie Stahl" ist die treffende Beschreibung einer Mutter, die Spaß versteht, liebevoll, sanft und freundlich ist, und doch stark und beherrscht. Diese innere Stärke und Selbstbeherrschung erlaubt ihr, mit ihren Kindern Spaß zu machen, sich vielleicht sogar albern zu benehmen, weil sie sich selbst und ihre Kinder unter Kontrolle hat. Das weiß sie, und ihre Kinder wissen es auch!

Das Wesen des Stahls verleiht jedem Wort der Mutter Ausdruckskraft und Bedeutung. Stahl braucht nicht zu schreien: „Ich bin stark. Bitte, glaube mir, ich bin wirklich stark!“ Stahl ist stark. Stahl kann eine gerunzelte Braue sein, ein Gesichtsausdruck, ein Blick oder ein Augenkontakt, der dem verständigen Kind durchs Herz geht.

Samt ist der Teil ihrer Persönlichkeit, den jede Mutter zum Ausdruck bringen will. Das wird dadurch möglich, daß das Wesen des Stahls zugrundeliegt.

Diese Mutter von Samt und Stahl hat ihre Kinder auf eine gute Weise im Griff, und zwar in dreierlei Hinsicht:

1. Sagen Sie, was Sie meinen und meinen Sie, was Sie sagen

Die Mutter von Samt und Stahl sagt, was sie meint und meint, was sie sagt – und zwar immer. Das erfordert Nachdenken, Planen, entschlossenes Vorgehen und vor allem Konsequenz. Eine Mutter muß lernen, konsequent zu sein, selbst wenn sie müde ist, sehr engagiert und unter starkem Streß steht. Eine Mutter kann die Entscheidung treffen, sich selbst zur Konsequenz zu erziehen, unabhängig von den Umständen ihres Lebens. Konsequenz gegenüber den Kindern wird Früchte tragen, die auch das übrige Leben in der richtigen Perspektive erscheinen lassen.

Wenn Sie das Gefühl haben, bald mit Ihren Nerven am Ende zu sein, nehmen Sie sich Zeit, um in Ruhe nachzudenken, statt gleich loszuschreien. Denken Sie vorher über die Folgen Ihres Redens und Handelns nach, dann werden Sie Ihr Verhalten nicht bereuen müssen.

Lebensmittelgeschäfte sind ein Problemfall für Mütter von Kleinkindern, das zeigt folgende Situation:

> „Ich hatte viel zu tun, war spät dran, mußte noch eine Mahlzeit vorbereiten und wollte am Abend einen Kurs besuchen. Die Zeit drängte. Mein Fünfjähriger war launisch und nicht gerade hilfsbereit. Ich bat ihn, eine Packung Cornflakes aus dem Regal zu holen. Laut und störrisch sagte er: ‚Nein, mach' ich nicht.‘ Andere Kunden hörten diese lautstarke Bemerkung, als sie mit ihren Einkaufswagen an uns vorübergingen. Ich wußte, ich durfte mir das nicht gefallen lassen, aber was sollte ich tun? Wenn ich ihm einen Klaps gab, würde er nur noch lauter brüllen. Ich spürte, wie ich immer ärgerlicher wurde, und die Situation war mir peinlich. Völlig frustriert schrie ich ihn an: ‚NIE MEHR werde ich dich hierher mitnehmen!‘“

Die hier unüberlegt ausgestoßene Drohung ist nicht durchführbar – dies ist auch für den Jungen offensichtlich. Natürlich wird die Mutter ihn auch wieder mit zum Einkaufen nehmen müssen. Wir sollten streng darauf achten, nur solche Konsequenzen für Fehlverhalten unserer Kinder anzukündigen, die auch tatsächlich in die Tat umgesetzt werden können. Andernfalls werden unsere Kinder uns bald nicht mehr ernstnehmen.

Um uns nicht selbst in solch schwierige Situationen hineinzumanövrieren, dürfen wir nicht impulsiv handeln, sondern müssen lernen, uns die Zeit zu nehmen, unsere Entscheidung und die daraus entstehenden Folgen für das Kind und auch für uns selbst zu bedenken.

In unserem Fall wäre es sicherlich wegen des Zeitdrucks, unter dem die Mutter stand, sinnvoll gewesen, zu einem späteren Zeitpunkt, hier wohl am nächsten Tag, ein klärendes Gespräch mit dem Jungen zu führen, wie er sich künftig bei Einkäufen zu verhalten hat und welche Mithilfe von ihm erwartet wird.

Während eine Mutter sich über ihre Reaktion Gedanken macht, kann ihr Schweigen vom Kind vorübergehend mißverstanden werden. Es glaubt vielleicht, daß es mit seinem Fehlverhalten „durchkommt". Doch mit der Zeit wird das Kind lernen, einen gesunden Respekt vor dem Schweigen seiner Mutter zu bekommen.

> Vor ein paar Jahren kam Pat mit ihrer elfjährigen Tochter nach Hause, sah die Post durch und wurde ungewöhnlich schweigsam. Die Schule teilte in einem „blauen" Brief mit, daß die Versetzung ihres Sohnes, der die achte Klasse besuchte, gefährdet wäre. Die Mutter überlegte, wie sie mit dieser Situation umgehen sollte, bevor sie ihn zur Rede stellte.
> Ihre Tochter wunderte sich über das unnatürliche Schweigen und fragte: „Mama, habe ich etwas falsch gemacht?"
> Sie antwortete: „Nein, warum fragst du?"
> „Du bist so unheimlich still, und dein Gesicht sieht so ernst aus – so schaust du, wenn einer von uns etwas angestellt hat."
> Sie beruhigte ihre Tochter und wurde sich zum ersten Mal bewußt, welche Weisheit im Schweigen liegt, aber auch welche Stärke.

Die Kunst des Schweigens ist für viele Menschen eine der schwierigsten Herausforderungen, die es gibt. Deshalb haben wir dafür plädiert, Selbstbeherrschung zu lernen und anzuwenden. Wenn Sie es schaffen, ruhig zu bleiben, statt Ihre Wut und Ihre Forderungen unkontrolliert herauszuschreien, werden Sie möglicherweise Ihr gesamtes Familienleben verändern. Wenn Sie Ihren Impuls zu schreien überwunden haben, ersetzen Sie diese Angewohnheit durch Selbstbeherrschung, Schweigen und Nachdenken. Dann werden Sie wissen, was Sie sagen wollen, und Sie können sagen, was Sie wirklich meinen.

Eine Mutter, die meint, was sie sagt und sagt, was sie meint, legt bei ihrem Kind ein Fundament von Vertrauen und Zuversicht, und das ist wahrscheinlich das Wichtigste, was sie für ihr Kind tun kann. Das Kind weiß, daß es sich auf die Worte der Mutter verlassen kann, weil sie auch wirklich meint, was sie sagt. Es braucht keine Einwände zu erheben oder zu quengeln, weil die Mutter beim ersten Mal meint, was sie sagt. Auseinandersetzungen und Nörgelei werden weitgehend vermieden, wenn die Mutter sicher ist, daß ihre Entscheidungen gerecht und gut sind. Sie läßt sich nicht „herumkriegen" oder manipulieren, weil sie sich ihrer Sache sicher ist und das Kind ihr vertrauen kann. Sie meint jedes Wort so, wie sie es ausspricht, ob es sich um ein versprochenes Vergnügen oder um eine Strafmaßnahme handelt. Die Mutter wird ihre Worte nicht vergessen oder ihre Meinung nicht ändern, wenn sie sich erst einmal beruhigt hat oder andere Dinge dazwischenkommen. Das Kind fühlt sich sicher und gewinnt Selbstachtung, weil seine Welt berechenbar ist, und das ist eines der wichtigsten seelischen Bedürfnisse eines Kindes.

2. Erläutern Sie dem Kind das erwünschte Verhalten und die jeweiligen Konsequenzen

Die Mutter muß dem Kind genau erklären, was sie von ihm erwartet, und welche positiven und negativen Konsequenzen sein Verhalten jeweils nach sich zieht. Eine Mutter, die Grenzen absteckt, dem Kind sagt, was sie von ihm erwartet und welche Folgen Gehorsam und Ungehorsam haben, kann niemals als „unfair" abgestempelt werden. Warum? Das Kind selbst entscheidet ja dann, ob es der Mutter gehorchen will oder nicht.

Verfolgen wir unter diesem Gesichtspunkt den Bericht von Pat und ihre Reaktion auf den Brief der Schule weiter:

> „Ich war schockiert über den Brief der Schule. Mein Sohn war bisher immer ein ausgezeichneter Schüler gewesen, und schlechte Noten waren bis jetzt noch nie ein Thema gewesen. Zunächst kündigte ich ihm an, daß ich nach dem Essen mit ihm reden wolle. Ich glaube nicht, daß die Mahlzeiten durch unange-

nehme Diskussionen belastet werden sollten; außerdem war seine Schwester überhaupt nicht von der Sache betroffen. Er meinte: ‚Na klar', wollte aber den Anlaß für das Gespräch erfahren. Ich sagte ihm also, daß ich mit ihm über die Schule reden wolle. Das Warten auf eine derartige Unterredung wird beim Kind deren Wirkung eher verstärken, da es inzwischen Zeit hat, selbst über die Sache nachzudenken.

Nach dem Essen zeigte ich ihm den Brief und fragte, wie er sich die schlechten Noten erkläre. Er bekannte, daß er nicht intensiv genug gelernt, einige Arbeiten nicht rechtzeitig abgegeben und sich allgemein nicht genug bemüht habe. Ich erkundigte mich, was er im nächsten Vierteljahr zu tun gedenke. Er versprach, mehr zu lernen, seine Arbeiten pünktlich abzugeben und insgesamt mehr Interesse an der Schule zu zeigen.

Das klang gut, aber da ich ihm sowohl die positiven als auch die negativen Konsequenzen für sein künftiges Verhalten klarmachen wollte, mußte ich noch weiter gehen. Ich fragte ihn, ob er sich in diesem Gymnasium wohl fühle. Das bejahte er. Ich versicherte ihm, daß er weiterhin dort bleiben könne, wenn er in Zukunft bessere Leistungen zeige (die positive Konsequenz). Falls seine Noten sich jedoch nicht verbesserten, müsse er eventuell eine Klasse wiederholen und wäre nicht mehr mit seinen Freunden in einer Klasse, oder er müsse gegebenenfalls in eine Realschule überwechseln.

Mein Sohn wußte, daß ich meinte, was ich sagte, und daß die Entscheidung nun bei ihm lag. Seine Noten verbesserten sich zunehmend, er blieb in der Schule und legte eine sehr gute Abiturprüfung ab. Wir brauchten nie mehr über Noten zu sprechen."

Solche positiven und negativen Konsequenzen in Aussicht zu stellen, ist eine dauernde Herausforderung für die Mutter, denn was für ein Kind positiv und negativ ist, ist ja je nach Alter und Entwicklungsstufe unterschiedlich. Eine Mutter muß in Erfahrung bringen, was für ihr Kind wichtig ist und wird oft überrascht sein, mit welch einfachen Mitteln sie dem Kind einen Anreiz geben kann.

Marianne, die Mutter einer Zweitklässlerin, hatte große Mühe, ihr Mädchen dazu zu bringen, einfache Aufgaben im Haushalt zu übernehmen. Sie hatte „alles versucht", und „nichts hat etwas genutzt". Wir unterhielten uns zwanglos mit dem kleinen Mädchen, und es verriet uns im Laufe des Gesprächs: „Am schönsten finde ich, wenn Mama mit mir am Samstagmorgen in die Bäckerei geht und mir ein Hörnchen kauft.“ Der Mutter war gar nicht bewußt gewesen, daß dies der Kleinen so viel bedeutete. So war der in Aussicht gestellte Gang zur Bäckerei genau der Anreiz, den das Mädchen brauchte, um seine Aufgaben zu erledigen.

Ältere Kinder kann man auch einbeziehen, wenn Regeln für das Familienleben aufgestellt werden. Sie haben oft gute Ideen im Hinblick auf positive und negative Konsequenzen. Wer sollte auch besser wissen als das Kind selbst, was ihm am wichtigsten ist?

Eine Familie hielt einmal in der Woche Familienrat. Freundlich, aber sachlich wurden die Belange jedes Familienmitglieds besprochen. Sie redeten über ihre Bedürfnisse, besondere Ausnahmerechte, die bestimmte Aktivitäten erforderten, wer mit wem im Streit lag, wie die Aufgaben in der Familie verteilt werden konnten und wer seine Arbeiten im Haushalt besonders gut (oder nachlässig) erledigt hatte. Ihr Kommunikationssystem funktionierte so gut, daß keiner den anderen mehr anschreien mußte. Schließlich kam es dahin, daß diese Familie ihre Sitzungen nutzte, um ihre gegenseitige Wertschätzung und Achtung auszudrücken und einfach Spaß miteinander zu haben.

Vielleicht ist ein solcher regelmäßiger „Familienrat“ auch für Ihre Familie eine gute Möglichkeit, in einer entspannten Atmosphäre Konflikte zur Sprache zu bringen und mit allen Familienmitgliedern Lösungen zu finden.

3. Treffen Sie eine bewußte Entscheidung, sich an Ihren Kindern zu freuen

Die Mutter aus Samt und Stahl entschließt sich ganz bewußt dafür, sich an ihren Kindern zu freuen. Da Kindererziehung nicht immer die reinste Freude ist, müssen Mütter sich bewußt dafür entscheiden, sich an ihren Kindern zu freuen, statt mit zusammengebissenen Zähnen die gegenwärtige Phase durchzustehen (das „Hoffentlich-ist-es-bald-vorbei-Syndrom“).

Eine sehr kluge Mutter von acht Kindern sagte einmal: „Ihr Kind hat das Recht, 365 Tage entsprechend seiner jeweiligen Altersstufe zu leben, so wie auch Sie selbst das Recht haben, Ihr Alter für 365 Tage auszuleben.“ Das ist mehr als gerecht, und daher könnten Mütter sich ebensogut entschließen, dieses Jahr zu genießen, statt sich dauernd frustrieren und zum Schreien hinreißen zu lassen.

Damit das funktioniert, müssen Sie lernen, welche Fähigkeiten Kinder in bestimmten Altersstufen haben. Beobachten Sie die Kinder von Verwandten und Freunden, und reden Sie mit den Eltern. Beobachten Sie Ihr eigenes Kind und stellen Sie fest, wozu es in der Lage ist. Denken Sie daran, daß jedes Kind einzigartig ist, daher werden keine zwei Kinder genau die gleichen Leistungen vollbringen können – aber Sie erhalten auf diese Weise doch Anhaltspunkte, wie Sie Ihrem Kind besser gerecht werden können.

Dieses kleine Motto hat Grace geholfen, mehr Freude an ihren Kindern zu haben: „Erforsche das Kind, bevor du etwas von ihm erwartest!" Wenn Sie das Kind ermutigen, es beobachten, ihm zuhören und ihm etwas beibringen, werden Sie nicht nur Freude daran haben, sondern ganz gespannt verfolgen, wie sich Ihre Kinder entwickeln!

In einem alten chinesischen Alphabet kann man die Zeichen für „Krise" als „gefährliche Gelegenheit" übersetzen. Genau das ist jede Situation, die unser erzieherisches Eingreifen erfordert – eine gefährliche Gelegenheit. Wenn die Mutter sich beherrscht und das Kind fair, entschlossen, liebevoll und konsequent behandelt, wird die Krisensituation zu einer aufregenden Möglichkeit, um den Charakter und die Selbstachtung ihrer Kinder zu stärken und die Beziehung zu ihnen zu fördern, die auf gegenseitiger Liebe und Achtung beruht. Falls die Mutter sich jedoch gehenläßt und zu schreien beginnt, wird sie womöglich mit den bereits beschriebenen Folgen ihrer Erziehung rechnen müssen.

Hier einige praktische Vorschläge, wie Sie die Freude an Ihren Kindern verstärken können:

Hören Sie Ihren Kindern zu – hören Sie ganz bewußt auf das, was sie Ihnen zu erzählen haben, und stellen Sie keine kritischen oder zweifelnden Fragen, sondern solche, die echtes Interesse zeigen. Freuen Sie sich an ihren Erzählungen, und lassen Sie sie nicht nur über sich ergehen. Schauen Sie den Kindern ins Gesicht, wenn sie reden, und unterbrechen Sie Ihre jeweilige Tätigkeit, so daß die Kinder erkennen, daß Sie sich wirklich für ihre Geschichten interessieren.

Verbringen Sie Zeit mit Ihren Kindern, und unternehmen Sie Dinge mit ihnen, die ihrer Alters- und Entwicklungsstufe angemessen sind. Wenn die Kinder merken, daß Sie echtes Interesse an ihnen zeigen, werden sie sich Ihnen nur allzu gerne mitteilen. Keine andere Aufgabe ist wichtiger als diese. Kinder können nicht warten!

Vermitteln Sie Ihren Kindern nicht den Eindruck, daß Sie nur mit ihnen reden, wenn sie wieder einmal nicht ihre Kleider aufgeräumt oder den Mülleimer herausgetragen haben. Geben Sie ihnen im Gespräch das Gefühl, ganz wichtige Menschen zu sein. Sagen Sie zum Beispiel: „Du magst es doch eigentlich, wenn alles schön aussieht. Ich frage mich, ob du dich wohl fühlst, wenn du deine Arbeit so nachlässig tust!"

Lachen Sie mit ihnen. Kinder sind großartig. Ihre originellen Geschichten, ihre Kreativität und ihre (oft geradezu erschreckende!) Ehrlichkeit wird eine Mutter mit Sicherheit zum Lachen bringen – statt zum Zähneknirschen –, wenn sie das wirklich will. Lachen Sie mit den Kindern, und lassen Sie nicht den Eindruck entstehen, Sie würden über sie lachen.

Im Verlauf einer wissenschaftlichen Untersuchung stellten wir vor einigen Jahren ungefähr fünfzig Teenagern die Frage: „Wie willst du dich verhalten, wenn du einmal Mutter bist?" Sie wurden dazu ermutigt, ehrlich ihre Meinung zu schreiben und das Blatt ohne Namen abzugeben. Die Frage wurde auch nicht diskutiert. Ihre Antworten zeigten, wie wichtig es ist, Kindern zuzuhören, mit ihnen zu reden, zu lachen und Zeit mit ihnen zu verbringen.

„Ich werde meine Kinder nicht anschreien. Ich werde mit ihnen reden und ihnen erklären, warum sie dies oder jenes nicht tun sollen. Wenn sie diese Dinge nicht durch Reden begreifen, will ich versuchen, sie zu erziehen. Ich werde ihnen sagen, daß ich sie liebhabe. Wenn sie Probleme in der Schule oder mit Freunden haben, frage ich sie, ob sie darüber sprechen möchten. Wenn sie nicht darüber reden wollen, sage ich ihnen trotzdem, daß ich mich für sie und ihre Probleme interessiere. Dann setze ich mich zu ihnen und spreche mit ihnen und versuche, ihnen bei ihren Problemen zu helfen.

Wenn ich einmal eine Mutter bin, werde ich meine Kinder wohl hin und wieder bestrafen, so daß sie nicht verwöhnt werden, aber auch nicht so, daß sie mich hassen. Wir gehen zusammen in Parks und Eisdielen und so. Wir wohnen in einem gemütlichen Haus, und ab und zu, besonders, wenn es regnet, entzünden wir das Feuer im Kamin und machen Popcorn. Ich glaube, wenn ich eine Mutter bin, werde ich mit meinen Kindern lachen und Spaß haben."

Hier und heute sind Sie die Mutter. Sie sind diejenige, die positive Kindheitserinnerungen schafft. Mütter machen Fehler, und das dürfen sie auch. Wenn Kinder sich in einer Atmosphäre der Freude geliebt und geborgen wissen, werden sie ihrer Mutter genauso vergeben, sie annehmen und sich über sie freuen, wie das umgekehrt der Fall ist. Dann werden sie glückliche Erinnerungen an ihre Kindheit haben – und Sie ebenfalls.

Grace erinnert sich:

„Wir waren im Urlaub, als ich entdeckte, wie sehr ich mich mit meinen Kindern freuen konnte. Ich hatte gerade etwas Langeweile, mein Mann war an diesem sonnigen Nachmittag in unserem Hotelzimmer eingeschlafen. Da hörte ich plötzlich gedämpftes, aber fröhliches Gelächter aus dem angrenzenden Raum. Es waren unsere Kinder! Die hatten offenbar keine Langeweile. So leise wie möglich schlüpfte ich in ihr Zimmer und gesellte mich zu ihnen. Ihre Kommentare und Einsichten waren urkomisch. Ich fühlte mich richtig geehrt, als sie mir erlaubten, an ihrem Spaß teilzuhaben. Sie lachten auch über meine Versuche, humorvoll zu sein, und hier fühlte ich mich besonders ernstgenommen. Dieses Ereignis wurde zum Wendepunkt in der Beziehung zu meinen Kindern. Als wir entdeckten, welchen Spaß es macht, gemeinsam zu lachen und herumzualbern, wurden wir ein Team statt Gegner, die einander bekämpften."

Nehmen Sie die Veränderung in Angriff

Martha hatte ihren Sohn Daniel jahrelang beschimpft und angeschrien. Es bereitete ihr die größten Sorgen, daß ihr Sohn ein solcher Träumer war und seine Aufgaben ständig hinausschob. Er kam zu spät zu den Mahlzeiten, vergaß oftmals, seine Tiere zu füttern, und es war ihm scheinbar egal, ob er einen Termin versäumte.

Aufgrund eines Artikels, den sie gelesen hatte, nahmen ihre Erziehungsmaßnahmen eines Tages jedoch eine überraschende Wendung. Plötzlich begriff sie, daß sie durch ihr dauerndes Nörgeln und Schreien ihren Sohn von sich gestoßen hatte. Er liebte sie wohl, konnte aber ihre mißbilligenden Vorhaltungen und ärgerlichen Blicke nicht mehr ertragen. Je mehr sie schrie, desto mehr zog er sich zurück. Er stand kurz vor einer offenen Rebellion. In ihrer Sorge um Daniels wenige, aber entnervende Probleme hatte Martha außerdem schon seit langem vergessen, ihren Sohn zu loben für seinen Humor, seine Freundlichkeit, Großzügigkeit und sein gutes Urteilsvermögen.

Nachdem sie lange über die Sache nachgedacht hatte, ergriff sie in einem günstigen Moment die Gelegenheit, mit Daniel zu reden. Es war das erste Mal in den dreizehn Jahren seines Lebens, daß seine Mutter ganz bewußt zugab, daß sie Fehler gemacht hatte. Sie nannte diese Fehler genau beim Namen und bat ihn um Vergebung für die Verletzungen, die sie ihm durch ihr Fehlverhalten in seiner Entwicklung zugefügt hatte.

Daniel versuchte hastig, seine Mutter diesbezüglich zu beruhigen. Sie habe ja recht mit ihren Anschuldigungen, und er brauche solche Kritik. Martha ließ sich jedoch nicht beirren. Sie war zwar versucht, seine Argumente für ihre Entlastung anzunehmen, aber sie wußte sehr wohl, daß sie sich in ihren Erziehungsmethoden schwer vergriffen hatte. So bedankte sie sich für seine charaktervolle Beschwichtigung, hielt aber an ihrer Bitte um Vergebung fest.

Als nächstes zählte Martha all die lobenswerten Eigenschaften auf, die sie bei Daniel immer als selbstverständlich hingenommen hatte. Und wieder entschuldigte sie sich dafür, daß sie ihm nicht gesagt hatte, was diese positiven Charakterzüge ihr bedeuteten. Und nun kam das beste: Sie bat Daniel nicht nur um Vergebung, sondern er sollte ihr helfen, ihr Verhalten zu ändern. Was für ein Rollentausch! Und der war lange überfällig gewesen. Martha erläuterte Daniel ihren wohlüberlegten Plan zur Veränderung ihres Verhaltens, aber ihr war bewußt, daß diese Verhaltensmuster tief in ihr verwurzelt waren. Daniel solle sie darauf hinweisen, wenn sie wieder in ihre alten Gewohnheiten verfiel. Und wenn er wieder einmal etwas vergaß, solle er ihr sagen, wann er die betreffende Aufgabe erledigen würde, so daß sie ihn nicht anschreien müsse.

Daniel war überglücklich. Er versicherte seiner Mutter, daß er seinen Teil zu der Sache beitragen wolle und auch sie auf ihr Fehlverhalten hinweisen würde. Beide hielten sich an diese Vereinbarung. Natürlich verfielen sie von Zeit zu Zeit wieder in alte Gewohnheiten, aber ihr feierliches Gelöbnis, sich zu ändern, und ihre große Liebe zueinander hielten sie „bei der Stange". Sie schafften es, einen völlig neuen Umgang miteinander einzuführen.

Wenn es darum geht, Kinder auf rechte Weise zu lenken und zu leiten, so geschieht das letztendlich mit dem Ziel, daß die Kinder lernen, sich selbst zu beherrschen. Wenn es Ihnen schon vor Jahren gelungen wäre, sich selbst in den Griff zu bekommen und Sie kaum einmal geschrien hätten, hätten Sie es als Mutter viel leichter gehabt. Aber Sie haben jetzt die großartige Gelegenheit, die Verhaltensmuster von Generationen zu durchbrechen. Sie können lernen, sich selbst zu beherrschen. Durch Ihr Vorbild und Ihre umsichtige Erziehung helfen Sie Ihren Kindern, ebenfalls diese Aufgabe zu meistern und ihr Leben dadurch ungemein zu bereichern.

8. Der Schlüssel zur Heilung

Aus unseren Untersuchungen und unserer Erfahrung wissen wir, daß die Kunst der Vergebung das Geheimnis eines zufriedenen Lebens ist. Aber es gibt leider unzählige Mütter, die niemals die Notwendigkeit erkannt haben, sich selbst, ihren Kindern oder anderen Menschen Schuld zu vergeben. Hier ist der Bericht einer Mutter:

> „Ich mag es gar nicht zugeben, aber mein Dasein als Mutter war bislang weitgehend unbefriedigend für mich. Statt daß diese Aufgabe mir Spaß macht und lohnenswert erscheint, gibt es oft Tage, an denen ich mich aufgrund der finanziellen und zeitlichen Einschränkungen, die meine drei Kinder verursachen, wie in einer Falle fühle. Ich habe manchmal das Gefühl, daß ich meine besten Jahre an drei Kinder ‚verschwende', die meistens gar nicht auf mich hören, geschweige denn mir gehorchen wollen. Dann komme ich mir als totaler Versager vor und frage mich, wie ich überhaupt auf so schreckliche Gedanken kommen kann!"

Keine Mutter möchte das Gefühl haben, „in einer Falle" zu sitzen. Doch wer nicht zur Vergebung bereit ist, wird sein Leben allmählich in ein starkes Bollwerk des Schmerzes verwandeln, das umgeben ist von einem Gitter aus Verletzung, Zorn und Groll und befestigt von Schuldgefühlen und Bitterkeit.

Dr. Foster Cline, ein Psychiater, der sich intensiv mit sehr schwierigen Menschen beschäftigt, sagte einmal: „Unsere seelische Gesundheit hängt davon ab, daß wir in ständiger Vergebungsbereitschaft leben!" Wir könnten hinzufügen: „Davon lebt auch eine gute Mutter-Kind-Beziehung."

In der Vergebung liegt Freiheit. Freiheit, Beständigkeit und Selbstbeherrschung sind immer die Früchte von Vergebung. Zwei Schritte muß eine Mutter tun, bevor sie die Heilung und Befreiung erfährt, die die Vergebung mit sich bringt.

Vergeben Sie sich selbst

Es ist der Traum jeder Mutter, ihre Kinder anzulächeln, während sie liebevoll und mit sanfter Stimme freundliche Worte ausspricht und oft ein fröhliches Lachen hören läßt. In Wirklichkeit sind jedoch Drohungen und Geschrei an der Tagesordnung. Julia, deren Jüngste jetzt studiert, gab zu:

> „Ich fühlte mich so schuldig, weil ich dauernd herumbrüllte. Ich erinnere mich, daß ich, als meine Kinder klein waren, oft dachte: ‚Was tue ich diesen Kindern an?' Ich ging belastet mit Schuldgefühlen ins Bett, und ich erinnere mich, daß ich verzweifelt zu Gott schrie: ‚Warum hast du mir diese Kinder gegeben? Ich bin einfach nicht als Mutter geeignet!'"

Übersensible Mütter sind schnell enttäuscht, weil sie ihren eigenen Erwartungen nicht gerecht werden. In Gefühlen und Gedanken beschäftigen sie sich ständig mit ihrem Versagen, so daß ihr Selbstwertgefühl schwere Einbußen erleidet. Karin beschreibt ihre Empfindungen:

> „Ich habe ein Problem. Ich mache mir schwere Vorwürfe und sage mir nach jedem Schreianfall, daß meine Kinder mich nicht mehr lieben werden, wenn so etwas wieder vorkommt. Dadurch lebe ich in einem ständigen Zustand der Angst und Unruhe. Natürlich fange ich bei nächster Gelegenheit wieder an zu schreien, beschuldige mich danach, und so geht das immer weiter."

Es ist so wichtig, den Unterschied zwischen echtem und falschem Schuldgefühl zu begreifen.

Sie sind schuldig, wenn Sie etwas Falsches getan, die Gesetze der Gesellschaft oder die Gebote der Liebe gebrochen haben. Wenn Sie ihr Kind körperlich oder seelisch verletzt haben, sind Sie schuldig. Sie haben das vielleicht nicht gewollt, und deshalb schämen Sie sich jetzt so. Dieses Gefühl der Scham kann Sie zu einer Änderung Ihres Verhaltens bewegen. Ein wichtiger Bestandteil dieses Veränderungsprozesses besteht darin, daß Sie lernen, sich selbst zu vergeben und sich selbst zu lieben.

Falsches Schuldgefühl beruht dagegen nicht auf Tatsachen, sondern auf einer Fehlinformation. Aufgrund von Gewohnheiten, die auf Kindheitserlebnissen, familiären Praktiken und Glaubenssätzen beruhen, beschleicht Sie vielleicht das Gefühl, falsch gehandelt zu haben. Würden Sie das gleiche Verhalten bei jemand anders beobachten, würden Sie ihm das jedoch nicht als Schuld ankreiden. Sie hätten auch große Schwierigkeiten, ein Gesetz oder Prinzip zu nennen, gegen das Sie verstoßen haben.

Ein Teenager klagte Grace einmal, daß sie große Schuldgefühle empfinde, weil sie im zarten Alter von drei Jahren nicht verhindern konnte, daß ihr Stiefvater ihre Mutter schlug. Wiederholt versuchte das Mädchen, sich selbst zu verletzen, weil es sich für seine „Schuld" bestrafen wollte.

Es scheint so, daß viele Leute keine Vergebung finden können, weil sie gar nicht schuldig sind. Richtige Information befreit von falschen Schuldgefühlen. Versuchen Sie also beim Weiterlesen genau festzustellen, welcher Art Ihre Schuldgefühle sind. Kehren Sie echte Schuld nicht unter den Teppich, aber beschuldigen Sie sich auch nicht für eingebildetes Fehlverhalten. Wenn Sie sich Ihrer Sache nicht sicher sind, sprechen Sie mit einem Freund, einem Seelsorger oder Therapeuten, denn es ist wichtig, daß wir an dieser Stelle ganz ehrlich sind.

Manche Mütter haben ganz bestimmte Gründe für ihre Schuldgefühle:

> „Ja, ich empfinde Schuldgefühle gegenüber meinen Kindern, weil ich wirklich schuldig bin. Ich hatte schon drei Kinder großgezogen, als ich mich scheiden ließ, wieder heiratete und – zu meinem eigenen Schrecken – noch zwei Kinder in die Welt setzte. Um diese Zeit verließ mich mein zweiter Mann, und ich blieb mit zwei Kleinkindern zurück, für die ich allein den Lebensunterhalt verdienen mußte. Ja, ich ärgere mich über mich selbst – ich bin wütend, daß ich noch einmal so eine Niete geheiratet habe, daß ich so dumm war, die Kinder in die Welt zu setzen, daß ich kein Geld habe, daß ich wieder einen Vollzeitjob annehmen mußte, um unseren Lebensunterhalt zu verdienen. Ich glaube, ich räche mich, indem ich Schicht arbeite, obwohl das nicht nötig wäre. Auf diese Weise sehe ich meine Kinder so wenig wie möglich, da sie in der Regel von einer Tagesmutter oder wechselnden Babysittern betreut werden. Wenn ich zu

Hause bin, muß ich oft schlafen. Wenn sie mich nicht schlafen lassen, brülle ich sie an und erinnere sie daran, daß ich meine Arbeitsstelle verliere, wenn ich keinen Schlaf bekomme, und was würde dann aus uns? Meine Kinder, die jetzt sechs und neun Jahre alt sind, haben große Probleme in der Schule. Beide zeigen schlechte Leistungen und ein miserables Sozialverhalten. Der Ältere bringt seinen Zorn zum Ausdruck, und der Kleine flüchtet sich in Tagträume. Mein Leben ist ein einziges Chaos!"

Das Bekenntnis dieser Mutter ist ein einziger Notschrei. Sie leidet unter ihrer Hilflosigkeit, Einsamkeit, ihren Gewissensbissen und daß sie all diesen Unmut an ihren Kindern ausläßt, die ihr Lebensmuster der Enttäuschung symbolisieren. Sie fühlt sich schuldig, und sie ist schuldig. Doch es ist möglich, aus diesem Teufelskreis auszubrechen: Wenn sie sich selbst vergibt, wird sie ihre Selbstachtung wiedergewinnen. Das befähigt sie dazu, nicht in Selbstvorwürfen über das Vergangene steckenzubleiben, sondern voller Zuversicht und mit einem gesunden Selbstbewußtsein ihr eigenes und das Leben der Familie zu gestalten. Wenn sie ihrem Mann, „der Niete", vergibt, wird sie seine Wesenszüge in den Kindern nicht mehr ablehnen. Wenn sie diese Schritte der Vergebung tut, wird sie sich selbst und ihre Kinder auf eine ganz neue Art lieben können.

Der erste Schritt ist, daß wir uns selbst vergeben. Wenn wir das getan haben, sind wir für den nächsten Schritt bereit.

Vergeben Sie Ihren Mitmenschen

Viele der von uns befragten Mütter haben gute Gründe, am Zorn gegen ihre Mitmenschen festzuhalten. Sie wurden verlassen, abgelehnt, mißbraucht, oder es wurde ihnen in anderer Hinsicht Unrecht getan. Sie lebten mit großen seelischen Verletzungen und Schmerzen – manche viele Jahre lang. Vielleicht haben auch Sie gute und verständliche Gründe, weshalb Sie Ihren Kindern, Ihrem Ehemann, Ihren Eltern oder anderen wichtigen Bezugspersonen in Ihrem Leben nicht vergeben können oder wollen. Das Festhalten am Zorn scheint Schutz zu bieten vor weiteren Verletzungen.

Wenn Sie jedoch in Frieden leben wollen, werden Sie nicht darum herumkommen, diesen Menschen zu vergeben. Der Preis für mangelnde Vergebungsbereitschaft ist zu hoch. Schwelende Verletzungen führen zu Zorn, Groll, Bitterkeit und Depression. Wenn man sich solchen Gefühlen nicht stellt und sie verarbeitet, werden die Beziehungen zu Ihren Mitmenschen, einschließlich Ihrer Kinder, darunter leiden, und es kommt zu körperlichen und seelischen Schäden.

Viele Mütter glauben irrtümlicherweise, daß ihre seelischen Verletzungen mit der Zeit von selbst heilen, wenn sie sie in sich verschließen. Das ist in der Tat ein folgenschwerer Irrtum. Die Zeit heilt keineswegs alle Wunden. Wenn wir unsere Verletzungen unterdrücken und verdrängen in der Hoffnung, sie auf diese Weise loszuwerden, wird vielmehr das Gegenteil eintreten. Die Wunden vergrößern sich, bis sie schließlich mit noch stärkerer Intensität und größerem Zerstörungspotential an die Oberfläche kommen. Hannah More, eine englische Autorin des 18. Jahrhunderts, brachte diese Tatsache auf den Punkt: „Vergebung zahlt sich eher aus, als am Groll festzuhalten. Vergebung schützt vor den Folgen des Zorns, den Kosten des Hasses und seelischer Verausgabung."

Hier ist es auch wichtig zu begreifen, daß derjenige, der seinem Mitmenschen vergibt, wer immer das sein mag, selbst größeren Nutzen davon hat als der, dem die Vergebung zuteil wird. Durch die Vergebung werden wir innerlich heil und bekommen unser Leben sowie unsere Reaktionen auf die Umstände unseres Lebens unter Kontrolle. Wenn unangenehme Situationen auftreten, die Verletzungen und Ärger hervorrufen, können wir uns sogleich für den Weg der Vergebung entscheiden. Durch diesen Willensakt, nämlich die innere Bereitschaft zur Vergebung, werden wir unser Leben in den Griff bekommen. Solche Vergebung erfordert wiederum Selbstbeherrschung.

Ein Mensch wird innerlich heil, wenn er bereit ist, anderen zu vergeben. Hier sind ein paar konkrete Schritte auf diesem Weg:

Entlassen Sie den anderen durch einen Willensakt aus seiner Schuld.

Pat schreibt aus eigener Erfahrung:

> „Ich kenne nur zu gut das Gefühl, dauernd gedemütigt und abgelehnt zu werden. Mit der Zeit verwandelte sich der seelische Schmerz allmählich in Zorn, den ich noch nicht einmal vor mir selbst zugab. Ich entsinne mich, daß ich oft morgens schon in ärgerlicher Stimmung erwachte und einen brodelnden Zorn in mir spürte, ohne mir über die Ursache dieses Gefühls klar zu sein. Während des Tages geschah es oft, daß mich irgend etwas oder irgend jemand an eine bestimmte Verletzung erinnerte. Im Geist kramte ich den Vorfall aus meinem Unterbewußtsein hervor,

ging in der Erinnerung nochmals jede Einzelheit durch, entsann mich an jedes Wort und jede Handlung und durchlebte noch einmal die Gefühle des Schmerzes und der Hilflosigkeit. Dabei schwelgte ich natürlich in Selbstmitleid. Obgleich mein Problem auf diese Weise mein ganzes Denken und Fühlen in Beschlag nahm und ich immerzu darüber nachdachte, wie ich die Dinge anders gesagt und getan haben könnte, hatte ich doch große Sehnsucht, meinen zornigen und destruktiven Gedanken zu entrinnen. Aber wie?

Ich glaube heute, daß in dieser Zeit, als ich so hoffnungslos war und keinen Ausweg aus meinem Dilemma sah, Gott mir zeigte, daß die Antwort auf meine rastlose Furcht, meinen drückenden Schmerz und ständigen Ärger in der Vergebung lag. Ich begann meinen anstrengenden Weg zur Vergebung, indem ich zunächst erkannte, daß es keine Rolle spielte, ob ich recht und der andere (oder die anderen) unrecht hatten. Ich mußte durch einen Willensakt zur Vergebung bereit sein, das heißt, ich mußte eine bewußte Entscheidung treffen, dem anderen zu vergeben.

Ich begann, immer wieder zu sagen: ‚Mit meinem Willen entscheide ich mich, zu vergeben.' Jedesmal, wenn mir bei Tag oder bei Nacht irgendeine Verletzung einfiel, die mir die betreffende Person zugefügt hatte, wiederholte ich in Gedanken: ‚Mit meinem Willen entscheide ich mich, zu vergeben, daß er dies oder jenes getan oder unterlassen oder mir dies gesagt oder nicht gesagt hat.' Immer wieder mußte ich mich bewußt entscheiden, einem Menschen (oder mehreren) ganz konkrete Dinge zu vergeben.

Allmählich begann diese ständige Vergebungsbereitschaft in meinem Herzen und in meinem Leben Veränderungen zu bewirken. Ich wurde innerlich ruhiger. Dann änderte sich meine innere Haltung, und ich bekam eine insgesamt positivere Sicht des Lebens. Allmählich fühlte ich mich auch selbst viel wohler – ich bekam mehr Kraft, konnte mich besser beherrschen, mein Selbstwertgefühl steigerte sich, und ich hatte mehr Freude am Leben. Das war eine Überraschung für mich! Ich hatte keine Ahnung gehabt, daß der Akt der Vergebung solche Auswirkungen haben würde. Heute kann ich bezeugen, daß man die Kraft, die Heilung und die Freiheit, die die Vergebung mit sich bringt, gar nicht hoch genug einschätzen kann – zumindest ich habe diese Erfahrung gemacht."

Nehmen Sie andere so an wie sie sind, und entlassen Sie sie aus der Verantwortung, Ihren Mangel ausfüllen zu müssen.

Diana erzählte uns ihre Geschichte:

> „Ich lerne zu vergeben. Ich hatte immer in der Erwartung gelebt, einen Mann zu heiraten, der für mich sorgen würde, wie ich das von zu Hause gewohnt war, und der mich für den Rest meines Lebens glücklich machen würde. Ich heiratete sehr jung. Mein Vater bekleidete eine gute Position, und wir waren daher sehr vermögend. Mein Mann war nicht wohlhabend. Ich überredete ihn, im Geschäft meines Vaters zu arbeiten. Einige Jahre darauf starb mein Vater, und mit dem Geschäft ging es ständig bergab. ‚Wie konnte mein Mann mir und den Kindern das nur antun?' fragte ich mich ständig. ‚Wie konnte er es wagen, die Position, das Prestige und das Geld meines Vaters zu verlieren? All diese Dinge hatte ich bisher genossen und hatte auch weiterhin mit ihnen gerechnet.'
> Ich bekam Depressionen und gab meinem Mann die Schuld an allem, was uns widerfahren war. Ich ließ ihn auch wissen, daß er für mein Glück oder Unglück und auch für alles andere verantwortlich wäre.
> Jahre später wurde mir klar, daß ich ihn nie dazu hätte überreden dürfen, für meinen Vater zu arbeiten. Er war von Anfang an für dieses Geschäft nicht geeignet gewesen. Langsam begann ich, mir selbst diesen Fehler zu vergeben und ihm zu verzeihen, daß er nicht wie mein Vater war. Auch habe ich erst vor kurzem begriffen, daß mein Mann nicht für mein Glück verantwortlich ist, noch irgendein anderer Mensch. Das bin ganz allein ich selbst. Es ist ein völlig neuer Gedanke für mich, die Verantwortung für mein Glück selbst zu übernehmen, statt meinen Mann zu beschuldigen. Aber ich bin bereit zu lernen."

Dieser Bericht zeigt deutlich, daß wir andere erst dann von Herzen annehmen können, wenn wir gelernt haben, uns selbst anzunehmen. Wenn wir lernen, nicht nur für unsere Handlungen, sondern auch für unsere Gefühle Verantwortung zu übernehmen, werden wir fähig sein, uns selbst und andere zu akzeptieren.

Betrachten Sie das Zusammenleben mit Ihren Mitmenschen als Chance, innerlich zu wachsen.

Die folgende Geschichte zeigt, wie drei Löffel Pudding eine Familie unglücklich machten, die Betroffenen aber schließlich doch Vergebung, Heilung und inneres Wachstum erlebten:

> „Mein Mann hatte Geburtstag. Wir waren ein Jahr verheiratet und hatten ein Abendessen mit seinen Kindern aus erster Ehe. Wir haben es uns zur Regel gemacht, daß ich kleine Portionen austeile. Wenn ein Kind noch mehr essen möchte, bekommt es noch einen Nachschlag, aber es muß dann den Teller leer essen. Diese Regel haben wir als Familie gemeinsam besprochen, und die Kinder wissen, was von ihnen erwartet wird.
> Meine elfjährige Stieftochter bat um einen Nachschlag vom Pudding, wollte aber nach kurzer Zeit nicht mehr weiter essen. Ihr Vater erinnerte sie daran, daß sie ihren Teller leer essen müsse, weil sie um eine extra Portion gebeten hatte. Sehr heftig entgegnete sie: ‚Nein!' Wieder erklärte ihr Vater unsere Tischregel, aber sie blieb bei ihrer Weigerung. Er versuchte, ihr gut zuzureden und betonte, wie wichtig es sei, sich an gemeinsam aufgestellte Abmachungen zu halten. Als sie dann noch immer nicht weiter essen wollte, befahl er ihr, am Tisch sitzen zu bleiben, bis sie alles aufgegessen hätte. Es waren vielleicht drei Löffel Pudding auf ihrem Teller.
> Vierzig Minuten später saß sie noch immer allein am Tisch. Ich hatte abgeräumt, setzte mich zu ihr und versuchte, ihr klarzumachen, daß unser Problem gelöst sei, wenn sie nur die drei Löffel Pudding essen würde. Sie sah mich an und sagte gehässig: ‚Ich esse den Pudding nicht!'
> Da schickte ich sie auf ihr Zimmer. Sie sagte: ‚Ich bleibe hier sitzen.' Ich zog den Stuhl zurück, nahm sie beim Arm und zog sie durch die Küche. Sie leistete heftigen Widerstand und brüllte mich an: ‚Laß mich sofort los! Du bist nicht meine Mutter!'
> Ich hatte mich so um sie bemüht und das Gefühl, wir hätten eine gute Beziehung zueinander. Diese Bemerkung war der Tropfen, der das Faß zum Überlaufen brachte – der letzte Rest von gutem Willen schwand dahin. Ich rief meinen Mann und berichtete ihm von dem Vorfall. Er schickte seine Tochter unverzüglich auf ihr Zimmer und verbot ihr, noch einmal auf diese Weise mit mir zu reden.

Sie begann zu schreien, daß sie uns alle hasse, stapfte in ihr Zimmer hinauf und schlug die Tür hinter sich zu. Auch ich ging in mein Zimmer, da ich das Bedürfnis hatte, allein zu sein. Ich konnte hören, wie sie ihren Vater anschrie: ‚Ich hasse dich, weil du nie zu mir hältst. Ihr seid alle unfair zu mir.‘
Das gab mir den Rest. Ich ging in ihr Zimmer und sagte: ‚Junge Dame, hier bist du im Irrtum. Ich habe nie etwas Unfaires von dir verlangt und werde das auch nie tun. Wir haben diese Tischregel mit euch Kindern gemeinsam beschlossen, und du hast heute gegen sie verstoßen. Statt uns alle anzubrüllen und dich für das arme Opfer zu halten, denk einmal darüber nach, daß du selbst im Unrecht bist. Das ist alles, was ich dir zu sagen habe.‘ Dann ging ich wieder in mein Zimmer.
Am nächsten Tag redete sie kein Wort mit mir. Ohne mein Wissen hatte mein Mann ihr gesagt: ‚Wenn du aus der Schule kommst, machst du deine Hausaufgaben, denkst über den gestrigen Vorfall nach, und dann reden wir darüber.‘
Am nächsten Morgen kam sie zu mir und sagte: ‚Du wirst mir wahrscheinlich nicht verzeihen, aber ich möchte mich für mein Verhalten entschuldigen. Ich war im Unrecht. Ich weiß, daß wir die Tischregeln gemeinsam aufstellen und ich mich daran halten muß. Es tut mir leid, und ich hoffe, daß du meine Entschuldigung annimmst.‘ Bei dieser Rede flossen reichlich Tränen.
Ich sah sie ein paar Minuten schweigend an und sagte dann: ‚Wenn deine Entschuldigung aufrichtig ist, will ich dir verzeihen.‘ Sie nickte unter Tränen. ‚Ja‘, sagte sie und nahm mich in die Arme. Auch ich drückte sie an mich.
Obgleich die Sache nun bereinigt war, hatte ich doch das Gefühl, als sei zwischen uns ein ernsthafter Bruch entstanden. Später sagte ich im Gespräch zu ihr: ‚So etwas darf nie wieder vorkommen. Wir sind eine Familie, die alles miteinander bespricht. Wenn wir eine Regel aufstellen, halten wir uns daran. Wenn einer glaubt, daß die Regel nicht fair ist, müssen wir gemeinsam darüber reden.‘ Ich hatte ihr vergeben, aber ich brauchte mehrere Monate, bis mein Vertrauensverhältnis zu ihr wiederhergestellt war.
Seither sind zwei Jahre vergangen. Nie wieder ist ein ähnliches Problem aufgetreten, und die Beziehung zu meiner Stieftochter hat sich merklich vertieft.“

Wie das oft der Fall ist, war das wirkliche Problem hier nicht das offensichtliche – das Aufessen des Puddings. Es fand vielmehr ein Machtkampf statt, den das Kind mit seinem Vater und seiner Stiefmutter führte.

Es scheint auf den ersten Blick lächerlich zu sein, wegen drei Löffeln Pudding ein solches Theater zu veranstalten. Es geht hier jedoch um ein wichtiges Prinzip in der Kindererziehung: „Sage, was du meinst und meine, was du sagst" (das hatten wir im siebten Kapitel behandelt). Die Tochter stellte sowohl ihren Vater als auch die Stiefmutter auf die Probe. Sie machte erstens die Erfahrung, daß die Eltern sich in ihrem Vorgehen einig waren. Außerdem standen sie, unabhängig von den Reaktionen der Tochter, zu ihrem Wort. Kein Wunder, daß dieses Problem ein für allemal aus der Welt geschafft wurde.

Die Tochter mußte sich bei der gekränkten Stiefmutter entschuldigen, und das tat sie, auch wenn es ihr schwerfiel. Die Stiefmutter mußte der Tochter den verbalen Schlag verzeihen, den sie empfangen hatte. Ohne diese Vergebungsbereitschaft hätte es womöglich weiterhin häßliche Szenen zwischen Mutter und Tochter gegeben, und es wäre zu einem endgültigen Bruch gekommen, der die ganze Familie zu zornigen, verbitterten Opfern gemacht hätte.

Vergebung ist ein schwieriger und langwieriger Prozeß. Lassen Sie sich jedoch nicht entmutigen. Wenn Sie mit Ihren Mitmenschen in Frieden und Harmonie leben wollen, geht das nur über den Weg der Vergebung, und das ist alle Zeit und Mühe wert.

Versöhnen Sie sich mit Menschen, denen Sie entfremdet sind.

Grace schreibt:

> „Das Schreien, das meine Mutter und mich so entfremdet hat, gehört zu den traurigen Kindheitserinnerungen. Ich brauchte viele Jahre, um meine zerstörte Selbstachtung wiederzugewinnen. Ich entsinne mich, daß ich meine Mutter so gerne in den Arm genommen hätte und es doch nicht über mich brachte. Ich wünschte mir ihre Anerkennung, doch ich meinte, weder sie noch ihre Liebe zu verdienen. Was für eine seelische Not!
> Während meiner zweiten Schwangerschaft erlitt meine Mutter einen schweren Schlaganfall und starb im Alter von nur dreiundsechzig Jahren. Mein Sohn hat seine Großmutter nie kennengelernt. Traurig ging ich nach dem Beerdigungsgottesdienst hinter dem Sarg meiner Mutter her. Jedes Mitglied meiner Fami-

lie hing seinen eigenen Gedanken nach, aber ich hatte eine seltsam tröstliche Vorstellung. ‚Wenn wir uns wiedersehen, werden wir einander wenigstens verstehen!' Aber um die Heilung unserer Beziehung zu erleben, brauchte ich nicht auf unser Wiedersehen im Himmel zu warten. Sie kam auf eine ganz wunderbare Weise zustande.

Während meines Studiums der Psychiatrie lernten die Studenten verschiedene Methoden, um seelische Probleme anzugehen. Eine dieser Methoden hieß ‚Der leere Stuhl'. Der Therapeut fordert den Patienten, der ein ungelöstes Problem mit einem anderen Menschen hat, auf, seine Phantasie zu Hilfe zu nehmen. Der Patient soll sich vorstellen, daß die betreffende Person auf dem leeren Stuhl sitzt und dann seine Fragen, Anschuldigungen und Nöte ausspricht. Dann setzt sich der Patient auf den leeren Stuhl, stellt sich vor, er sei die andere Person und gibt die geeignete Antwort.

Ich beschloß, mit Hilfe dieser Therapiemethode mein ungeklärtes Problem mit meiner Mutter aufzuarbeiten. Leise und unter Tränen konfrontierte ich sie mit der kindlichen Seelenqual, der Sehnsucht und Verwirrung, die ich so viele Jahre in mir verschlossen hatte. Als ich mich selbst auf den Stuhl setzte, überlegte ich, wie Mutter wohl geantwortet hätte. Ich war erstaunt über all die Gefühle und Gedanken, die in mir hochstiegen. Plötzlich begriff ich, daß sie mich sehr geliebt hatte und daß das Schreien eben ihre Art gewesen war, mich zu dem Menschen zu erziehen, der ich ihrer Vorstellung nach sein sollte.

Mutters Methoden waren falsch, aber ihre Motive waren richtig. Als ich das begriff, war ich endlich bereit, meinen Schmerz loszulassen und ihr zu vergeben. Wenn ich jetzt an sie denke, habe ich zärtliche und liebevolle Gefühle. Die alte Traurigkeit und der Schmerz sind verschwunden."

Ob Ihre Mutter, Ihre Kinder, Sie selbst oder jemand anders die Ursache Ihres Schmerzes sind – auch Sie können Heilung erfahren. Wenn Sie Ihre Situation richtig einschätzen, ein williges Herz und einen offenen Geist haben und eine klare Entscheidung treffen, die Vergangenheit hinter sich zu lassen, können Sie Vergebung praktizieren.

Hier ein paar einfache Schritte vom Schmerz zur Vergebung.

Das erste Stadium ist der Schmerz. Wenn Ihr Kind Ihnen Widerstand leistet oder einfach ungehorsam ist, werden Sie wahrscheinlich den

Schmerz der Sorge oder Furcht empfinden. Wenn Ihr Kind oder jemand, der Ihnen nahesteht, Sie anschreit, wird sich der Schmerz wahrscheinlich in Ärger oder sogar Wut verkehren.

Als nächstes müssen Sie die bewußte Entscheidung treffen, diesem Menschen zu vergeben. Sie müssen bereit sein, die scheinbare Macht und den Schutz Ihres Ärgers aufzugeben. Zunächst wird das Ihren Schmerz zwar verstärken, aber das soll Sie nicht beunruhigen. Sie werden den Schmerz besiegen.

Der dritte Schritt besteht darin, sich die Fakten klarzumachen. Wenn die Vergebung echt sein soll, müssen Sie dreierlei wissen: a) was Sie selbst getan haben, um Schmerz zu verursachen, vielleicht ohne daß es Ihnen bewußt war; b) was den anderen dazu veranlaßt hat, Sie zu verletzen – vielleicht hat diese Person aufgrund einer eigenen Verletzung gehandelt; und c) eine klare Sicht dieser Zusammenhänge.

Nach der Information kommt die Einschätzung Ihrer Situation. Wenn Sie die entscheidenden Informationen haben, machen Sie sich ein Gesamtbild. Wenn Sie erst einmal das „wie“ und „warum“ einer Situation begreifen, fällt es Ihnen viel leichter, den nächsten Schritt zu tun.

Dieser nächste Schritt besteht darin, den Schmerz loszulassen. In einem Seminar zu diesem Thema, an dem auch Grace teilnahm, diskutierten die Studenten darüber, wie man sich von einer schmerzlichen Erfahrung befreien könne, ob diese nun vor kurzem geschehen war oder schon lange zurücklag. Der Seminarleiter rief einen Studenten auf, von dem er wußte, daß er sich mit dem Thema ‚Vergebung‘ persönlich auseinandersetzte. Er sah ihm direkt in die Augen und sagte: „Bob, nimm dein Taschentuch heraus.“ Bob zog ein großes weißes Taschentuch aus seiner Hosentasche und hielt es hoch. „Und jetzt laß es fallen!“ bat der Seminarleiter. Als das weiße Tuch auf den Boden schwebte, hätte man eine Stecknadel fallen hören können. Allen war klar, daß hier ein einfacher Willensakt vorgeführt wurde. „Ich beschließe, dieses Taschentuch fallen zu lassen!“

Wenn Sie Ihre Furcht und Sorge, Ihren Zorn und Starrsinn fallen lassen, werden Sie von Ihren Schmerzen befreit. Auch Sie können vergeben – sich selbst und anderen. Die darauf folgende innere Heilung wird Sie dazu befreien, zu lieben und geliebt zu werden, wie Sie es nie für möglich gehalten hätten!

Und ist die Liebe nicht das Wichtigste in unserem Leben – Liebe und die Beziehungen zu unseren Mitmenschen? Wir hoffen, daß dieses Buch Ihnen festen Boden unter den Füßen gegeben hat und Hilfestellung, wenn Sie sich frustriert fühlen. Jetzt ist für Sie die Zeit gekommen,

Schritte zu tun, um Ihr Leben zum Besseren zu verändern. Wir wissen, daß Sie dazu in der Lage sind!

Und der Lohn für all die Mühe? Der wird sich in allen Bereichen Ihres Lebens auf eine wunderbare Weise zeigen. Warten Sie nur ab.

In unserer Reihe „Francke-Ratgeber“ liegen außerdem vor:

Gary Chapman
Die fünf Sprachen der Liebe für Kinder
Wie Kinder Liebe ausdrücken und empfangen
Bestell-Nr. 330 335
ISBN 3-86122-335-X
168 Seiten, Paperback

Ihre ganze Liebe gilt Ihren Kindern. Sind Sie sicher, dass sie bei ihnen auch ankommt? Denn – was versteht Ihr Kind überhaupt unter Liebe? Lernen Sie mit diesem Bestseller die Muttersprache der Liebe, die Ihr Kind spricht. Lernen Sie, es wirklich zu verstehen – weil ein gesundes Familienklima so wichtig ist!

Ross Campbell
Bevor der Kragen platzt
Vom Umgang mit Aggression und Ärger in der Erziehung
Bestell-Nr. 330 548
ISBN 3-86122-548-4
228 Seiten, Taschenbuch

Kennen Sie das?

Die Kinder bocken und Ihnen geht der Gaul durch. Kann passieren, doch auf lange Sicht ist die Erziehung kein Rodeo – noch nie war es für Eltern so wichtig wie heute, mit den guten und den schlechten Seiten des Zorns umgehen zu können.

Lassen Sie sich von Dr. Campbell ausbilden zum Jockey Ihrer Emotionen!